SU Tong

À BICYCLETTE

Éditions
Philippe Picquier

Ouvrage publié sous la direction de

CHEN FENG

DU MÊME AUTEUR
AUX ÉDITIONS PHILIPPE PICQUIER

Visages fardés
Je suis l'empereur de Chine

Mas de Vert
B. P 20150
13631 Arles cedex
www.editions-picquier.fr

En couverture : © Soizic Izzi, *Le Joncourt*

Conception graphique : Picquier & Protière

ISBN : 978-2-8097-1102-8
ISSN : 1251-6007

LA BALLADE DES BICYCLETTES

On voyait une rue large et banale, traversée par des autobus et des camions de marque *Dongfeng* (Vent d'est), ou *Jiefang* (Libération), et les voitures y étaient rares. C'étaient surtout les roues des bicyclettes qui donnaient au trafic toute son agitation. Sur ces roues, où la peinture brillante était souvent écaillée, perçaient des traces de rouille. Des deux côtés de la rue, les cyclistes en habit gris, bleu ou kaki, pédalaient en un flot incessant. Telle était la description, à la fois maladroite et juste, que proposait un film occidental sur le Pékin des années 1970. Car tout le monde le sait, voir un océan de bicyclettes, c'était déjà voir la Chine...

A moi maintenant d'ajouter quelques détails à ce tableau incomplet. La plupart de ces bicyclettes étaient noires, de modèle vingt-six ou vingt-quatre pouces, ce dernier étant communément réservé aux femmes, quoiqu'avec sa ligne épurée et sa robustesse il se rapprochât beaucoup du modèle masculin. On pouvait croiser quelques rares vélos de course, rouge et bleu ; leur câble de freinage, lui, n'était pas fait de fils d'acier dénudés et droits, mais de fils gainés et torsadés. Leur marque, prisée à cette époque, s'affichait à l'avant du guidon. Les propriétaires de ces bicyclettes colorées étaient presque toujours des jeunes gens bien différents des autres, plus fortunés ou issus d'une famille de pouvoir. Lorsqu'un engin de ce genre venait à circuler devant des jeunes, ces derniers entravaient volontairement son passage, mais en lui barrant la route, ils ne poursuivaient pas tous le même dessein : certains, par simple jalousie, faisaient semblant de chercher querelle, d'autres, sans vergogne, forçaient les cyclistes enviés à descendre de leur bicyclette, puis se battaient pour être le premier à enfourcher le bolide et à partir en virée dans le quartier.

Venons-en maintenant aux bicyclettes classiques noires, celles qu'on voyait partout. Elles étaient de trois marques différentes : *Yongjiu* (Pour toujours), *Fenghuang* (Phénix) et *Feige* (Pigeon volant). Les Feige étaient fabriquées à Tianjin, on en croisait peu dans les régions du Sud. Chez nous, la bicyclette rêvée d'un foyer moyen était de marque Yongjiu ou Fenghuang, toutes deux fabriquées à Shanghai. Celui qui possédait déjà une Yongjiu ne se gênait pas pour faire savoir aux autres qu'il s'offrirait bien une Fenghuang aussi. Poussé par son envie, le propriétaire d'un modèle homme retrouvait un de ses proches, employé au centre commercial, et lui demandait s'il pourrait lui obtenir un autre modèle, pour femme cette fois-ci, et de vingt-quatre pouces. Pourtant, vu la mauvaise qualité des bicyclettes de l'époque, pareille demande équivaudrait aujourd'hui à se faire prêter de l'argent pour tenter sa chance en Bourse : on était sûr de fâcher celui qu'on sollicitait.

Il y avait des casse-cou qui, tout juste propriétaires d'une nouvelle bicyclette, se régalaient de rouler à toute allure, pour montrer ce nouveau joujou et leur habileté à le conduire. Dans le dos de ces voyous, qui rasaient les rues étroites à toute berzingue, les femmes vociféraient avec hargne : « Soyez maudits ! » Mais les cyclistes n'entendaient rien et, comme le font les coureurs sur piste de nos jours, continuaient à savourer le plaisir de la grande vitesse. Il y avait aussi ceux qui pédalaient trop lentement, provoquant les mêmes regards malveillants. Je me souviens encore d'un homme d'âge moyen, habillé d'un vieil uniforme militaire, qui, par soin excessif pour sa nouvelle bicyclette ou par manque d'habileté, pédalait bizarrement : le corps penché en avant et la tête prête à s'appuyer sur le guidon, il semblait ne pas réaliser que tout le monde avait les yeux rivés sur lui. Par malchance, cet homme passait toujours dans notre rue à la tombée de la nuit. Le groupe d'enfants chicaneurs que nous étions prit en grippe, Dieu sait pourquoi, la façon de circuler de ce cycliste : on aurait dit une tortue. Un jour, nous courûmes tous vers lui en hurlant : « La tortue, la tortue ! » Je le revois tourner la tête et jeter un œil indifférent dans notre direction. Cette attitude ne changea rien à l'aversion inexplicable que nous avions pour lui. Le lendemain, nous l'attendions à l'angle de la rue. A l'heure prévue, quand il pénétra dans notre zone de jeu, nous le poursuivîmes d'un hurlement encore plus retentissant et plus distinct que celui de la veille : « La tortue, la tortue ! » Le malheureux finit par voir rouge. Je me souviens qu'il bondit de sa bicyclette et courut vers nous, le regard furieux. Tout le monde déguerpit chez soi. Moi aussi, naturellement. Au moment de passer la grande porte de ma maison, je tournai furtivement la tête vers lui, à l'instant précis où il stoppait net sa course. Il regarda derrière lui, et l'on voyait bien qu'il n'était pas tranquille car il avait abandonné sa bicyclette plus loin, contre un mur. Il restait planté au milieu de la rue. Je n'oublierai jamais son air hésitant. Puis il finit par tourner les talons et courut vers son engin. Pauvre homme : il a dû essuyer les insultes idiotes d'une bande de morveux pour protéger sa bicyclette…

La bicyclette de mon père était une Yongjiu fabriquée dans les années 1960. De mes premiers souvenirs jusqu'aux années 1980, époque où j'ai quitté mon foyer pour aller faire des études, j'ai toujours vu mon père l'enfourcher pour partir vers une dure journée de travail. Le dimanche matin, il l'astiquait avec un chiffon dans la cour. Aujourd'hui, c'est avec reconnaissance que je pense à cette bicyclette, car c'est grâce à elle qu'autrefois j'ai eu la vie sauve. Enfant, je tombais souvent malade et elle m'a souvent convoyé, le matin, le soir, entre la maison et l'hôpital. Il y eut une fois où Papa me prit avec lui et pédala pendant dix kilomètres, à la recherche d'un médecin aux pieds nus maîtrisant des secrets de guérison transmis par ses ancêtres. Difficile pour moi d'oublier ces dix kilomètres : pendant les cinq premiers, dans le centre-ville, on roula sur une route en cailloutis, aux dalles verdâtres – à cette époque, la ville ne se parait de béton et de goudron que sur les grands axes de circulation. L'autre moitié du parcours se fit dans la campagne, sur un chemin de terre qui ondulait comme des vagues sur la mer. Assis derrière mon père, j'étais ballotté comme sur un petit sampan ; lui pilotait en marin averti, veillant à ce que la navigation reste souple. De la même manière qu'il avait toute confiance en sa conduite, il était sûr de ma capacité à rester bien assis derrière lui et disait : « Ce n'est rien, ce n'est rien, accroche-toi bien, nous y sommes presque ! »

Beaucoup de Chinois gardent une tendresse toute particulière pour la bicyclette de leur père. Et beaucoup, enfants, l'ont enfourchée le temps d'une sortie, le dimanche, en cachette. Pour aller faire quoi ? Rien de spécial, faire du vélo, quoi ! Je me souviens de la première fois où j'ai circulé en ville, à Suzhou. J'étais allé dans le centre, sur une placette entourée de trois cinémas et d'un centre commercial. Dans les vitrines de chaque cinéma, je regardais les affiches. Elles présentaient toutes le même opéra révolutionnaire, et le portrait de son héroïne, Ke Xiang, montrait sur certaines un visage rond et sur d'autres un visage chevalin : aussi développai-je très tôt un avis critique sur la qualité des affiches. Puis j'entrai faire un tour dans le centre commercial mais ses rayons à moitié vides n'offraient pas grand intérêt. Une fois dehors, une peur panique me saisit : sur la place s'était formé un océan de milliers de bicyclettes, et dans cette masse compacte, chacune d'elles ressemblait à celle de mon père. Bien sûr, je me souvenais de l'endroit où je l'avais posée, mais un gardien de parking à vélos a toujours le chic pour les replacer ailleurs. Clé du cadenas en main, j'arpentai la marée de bicyclettes en long et en large, l'esprit tout embrouillé. Dans cet état de panique, j'éprouvais tout le drame de l'industrie du cycle de l'époque : ils fabriquaient des bicyclettes parfaitement identiques. Même couleur, même forme, et mieux encore, même cadenas ! La mienne restait introuvable, ma clé pouvait se glisser dans tous les cadenas, mais sans en ouvrir un seul. De son côté, la gardienne du parking désapprouvait cette recherche à l'aveuglette et hurlait sans cesse dans ma direction : « C'est laquelle ? Regarde bien avant de planter ta clé ! » Je perdis alors toute faculté de discernement et on ne peut pas me le reprocher, car à cause d'une bicyclette, les choses les plus inimaginables peuvent se produire. Il me semblait que, de la selle et des sacoches de toutes les Yongjiu usées, se dégageaient l'odeur de mon père et la mienne. Comment ne pas me sentir désorienté ?

Quand on raconte des histoires de bicyclette, il y en a toujours une qui concerne une bicyclette perdue. La faute n'en revient pas aux gardiens de parking, mais aux bicyclettes elles-mêmes, qui sont trop nombreuses. Je suis persuadé que bien des enfants, lorsqu'il leur est arrivé la même mésaventure qu'à moi, ont demandé à leurs parents : « Comment se fait-il qu'on voie autant de bicyclettes dans la rue, au prix où elles sont ? » Voilà une question dont la réponse est simple et n'a rien à voir avec les bicyclettes. La réponse est qu'en Chine… il y a trop de monde.

Dès la fin des années 1970, fit son entrée sur le marché une bicyclette produite à Changzhou, de la marque *Jinshi* (Lion d'or). Tout le monde la trouvait de moindre qualité que la Yongjiu ou la Fenghuang shanghaïenne, mais quoi qu'on en dise, un nouveau modèle était enfin arrivé. Pour acquérir une Jinshi, il fallait se procurer des bons d'achat. Mettre la main sur l'un d'eux, estampillé « Bon pour une Jinshi », était bien difficile. Comme la fille du voisin était fiancée à un employé du grand magasin de cycles, tout le voisinage s'intéressait à elle et enviait les conditions de son mariage. Qu'avait donc offert le futur gendre à ses beaux-parents ? Le père de la jeune fille, franc du collier, sortait illico de sa poche un bon en papier tamponné à l'encre bleue, en déclarant : « Rien d'exceptionnel, simplement une Jinshi. »

Les bicyclettes continuaient de traverser des années glorieuses. D'après la maxime révolutionnaire, on devait « surmonter toutes les difficultés pour remporter la victoire ». Dans notre rue, ils furent nombreux, d'année en année, à savourer la victoire du deux-roues, s'équipant au moins d'une Jinshi. Mon père, lui, mit en branle tout son réseau de relations croisées durant sa longue carrière de fonctionnaire, pour faire entrer dans notre cour une troisième bicyclette. Il ne voulait pas d'une Jinshi, car, par principe, les nouveautés ne lui inspiraient pas confiance. Le culte qu'il vouait aux bicyclettes Yongjiu et Fenghuang l'encourageait à redoubler d'efforts pour en obtenir une.

Cette troisième bicyclette, mon père l'acheta pour moi. C'était en 1980, un jour avant la fin de mes études secondaires. « Si tu ne réussis pas à rentrer à l'université, disaient mes parents, tu t'en serviras pour aller travailler. » Mais je réussis. Ce qui leur fit dire : « La bicyclette restera ici à la maison, une fois que tu seras diplômé du supérieur, tu rentreras travailler et elle te servira. » Plus tard, j'ai obtenu mon diplôme mais je ne suis pas rentré travailler au pays. Et j'ai lu de la déception sur le visage de mes parents qui m'ont dit : « Dans ce cas, il va falloir expédier ta bicyclette jusqu'à Nankin. De toute façon, c'est à toi qu'elle doit servir. »

Dans la chaleur étouffante d'un après-midi d'automne, je récupérai, dans l'entrepôt à marchandises de la gare ouest de Nankin, la bicyclette envoyée de Suzhou. Le cadre avait été minutieusement enrubanné de bouts de tissu afin d'éviter qu'au moment du chargement et du déchargement, il ne soit abîmé par des mouvements trop brusques. Je palpai les pneus, tout bombés : sans doute avaient-ils été gonflés juste avant le départ. Autant d'attention et de minutie ne pouvait être que le fruit du travail commun de mes parents. Enfourchant ma toute première bicyclette, je quittai l'entrepôt. Le soleil automnal déversait sa chaleur sur les rues de Nankin, toujours aussi brûlant, mon cœur brûlait aussi car je savais qu'à partir de ce jour-là, ma vie allait changer. Maintenant que j'avais une bicyclette entre les mains, il me semblait entendre le signal d'un départ vers une nouvelle vie, et ce départ, il fallait à tout prix que je le prenne.

Elle me servit cinq ans. C'était une Fenghuang noire de vingt-six pouces, en tout point identique à la Yongjiu de mon père. Dans l'empire de la bicyclette qu'est la Chine, les parents en choisissent toujours une pour leur progéniture qui soit bien solide et résistante, persuadés qu'elle accompagnera leur enfant pendant la majeure partie de sa vie. Mais la dure réalité est que le bonheur des uns fait le malheur des autres : cinq ans plus tard, ma Fenghuang fut emportée par un voleur chevronné. C'est presque le cœur soulagé et l'âme apaisée que je fonçai dans un magasin de cycles, où je choisis un vélo de course bleu à dix vitesses, très en vogue à ce moment-là. Un vrai bolide, de toute beauté, que la génération de nos enfants ne peut même pas imaginer.

Ce monde change à toute vitesse, et avec lui, nos bicyclettes et notre façon de vivre. Tant d'années après j'éprouve le même plaisir à prendre ma bicyclette pour sortir et à observer celles des plus jeunes ; elles sont belles, dernier cri mais se ressemblent toutes un peu. On distingue parfois dans le flot de bicyclettes une Yongjiu ou une Fenghuang usée, comme un visage de vieux marqué par les vicissitudes de la vie. On se met alors à repenser à des histoires de bicyclettes, des histoires qu'on n'entendra bientôt plus. Un jour, j'ai pédalé un long moment derrière une Fenghuang. Son propriétaire avait une cinquantaine d'années et à côté pédalait une fillette, cartable au dos. Elle conduisait un Giant, marque très à la mode ces derniers temps ; c'était un VTT de couleur orange. On voyait qu'il s'agissait du père et de sa fille. Puis j'ai poursuivi mon chemin, sans prêter attention à ce qu'ils se disaient en roulant. Ce que je veux que vous sachiez tous, et dont je suis certain, c'est que ces deux bicyclettes avançant côte à côte discutaient aussi entre elles. Que pouvaient-elles bien se dire ? Ça, chacun de nous peut le deviner, car leur conversation était toute simple.

La vieille Fenghuang noire disait : « Ralentis un peu, songe au passé ! »

Le Giant orange disait au contraire : « Accélère un peu, songe à demain ! »

UNE RUE EN ÉTÉ

Dans notre rue, les étals du magasin de fruits sortaient de l'ordinaire et dessinaient tous ensemble un plan incliné. Sur chacun d'eux, des baguettes de bois séparaient plusieurs casiers de même taille. Là, s'étalaient des pêches petites et fines et des pommes acides vert clair, au beau milieu de ce qui ressemblait au coteau désert d'une montagne. La vendeuse de ce magasin de fruits était une jeune fille aux traits délicats et à l'air avenant. Elle tenait son poste avec calme, mais personne ne serait allé à son magasin acheter ces fruits sans saveur sous le simple prétexte qu'elle était une brave fille. Et comme on avait pris l'habitude de négliger l'importance des fruits en été, c'est à la boutique de confiseries qu'on se rendait, le long du pont, en passant devant le magasin de fruits et sa vendeuse, qu'on abandonnait à leur triste sort. Trois femmes d'âge mûr travaillaient à la boutique de confiseries. D'un bout à l'autre de l'année, derrière leur comptoir, elles faisaient un raffut terrible et se montraient grossières avec la clientèle. L'une d'entre elles était marquée d'une vilaine cicatrice au coin du sourcil, due à un coup de couteau. Lorsqu'un enfant entrait, elle lui demandait de sa voix rauque : « Tu prends quoi ? » Même la cicatrice au coin du sourcil ouvrait sa gueule et demandait : « Tu prends quoi ? » Malgré tout, la boutique de confiseries restait en été le lieu favori des enfants.

La glacière de la boutique de confiseries servait depuis quelques années déjà. Chaque été, elle nous accueillait avec son vrombissement. Sur un tableau noir accroché au-dessus, étaient proposés divers rafraîchissements : *bâtonnet glacé aux haricots rouges, 4 centimes ; bâtonnet glacé au lait, 5 centimes ; briquette de glace, 10 centimes ; limonade (bouteille consignée), 8 centimes.* En été, une vendeuse agacée soulevait, client après client, le couvercle de la glacière puis enlevait un morceau de molleton. Alors, chaque enfant avançait la tête pour lorgner les rafraîchissements parfaitement alignés dessous. On voyait bien qu'il ne restait que quelques bâtonnets aux haricots rouges et beaucoup plus de bâtonnets au lait et de briquettes qui, au milieu d'un brouillard glacé, bien à l'abri de la chaleur harassante, éveillaient des envies. Les enfants comprenaient pourquoi : les bâtonnets au lait et les briquettes ne leur déplaisaient pas, mais coûtaient quelques centimes de plus. Puis chaque enfant déchirait avec le plus grand soin un coin de l'emballage de son bâtonnet et vérifiait s'il y avait beaucoup de haricots rouges. Il se faisait houspiller par la vendeuse qui lui lançait : « Qu'est-ce que t'as à regarder ? Ils sortent des machines, ces bâtonnets, tu crois peut-être qu'on a fait exprès de te mettre moins de haricots ? C'est bon qu'à manger des bâtonnets à longueur de journée, encore et encore, à s'en geler le ventre ! »

La bouche occupée à sucer sa glace et les mains serrant fort sa gamelle, l'enfant partait au galop dans la rue plombée par la chaleur accablante de l'après-midi. Dans la gamelle, les bâtonnets s'entrechoquaient. *Bang, bang!* Le soleil cruel menaçait de les faire fondre et le petit savait qu'il lui fallait rentrer à la maison le plus vite possible, pour que toute la famille savoure une glace intacte.

Les jours de forte chaleur, la vapeur sortait du dallage en pierre d'un bout à l'autre de la rue. En marchant, on sentait sous ses sandales en plastique le sol prêt à s'enflammer. Les murs des maisons, qu'on frôlait de part et d'autre de la chaussée, étaient tout aussi chauds. A chaque pas, on se disait que tout le monde devait être assommé, avec une pareille chaleur. Dans l'air brûlant, on entendait comme un halètement confus qui vous glissait aux oreilles. Les habitants au naturel bavard, au verbe haut, faiseurs d'histoires, avaient tous cloué leur bec. Allongés sur des chaises longues en bambou, ils luttaient contre cette terrible chaleur et, obsédés par la quête d'un courant d'air, oubliaient tout savoir-vivre. Le corps basculé en arrière, appuyés contre la porte face à l'avenue, ils ronflaient par intervalles, la bouche grande ouverte. Leur éventail était tombé de leur main sans qu'ils le sachent. L'entrejambe trop ample des shorts laissait apercevoir l'intimité des hommes, là encore sans que ceux-ci s'en rendent compte. La radio, comme par le passé, restait allumée. On y parlait des musiciens et des chanteurs de ces ballades de Suzhou qu'on appelle *pingtan*, à la diction parfaite et au chant mélodieux, on évoquait encore le passage admirable où Wu Song, enivré par l'alcool, s'en prend au dieu Jiang, gardien de la porte. Mais les dormeurs, indifférents, continuaient à ronfler bruyamment.

A quinze heures, le soleil opérait un heureux changement : d'une attaque sur tous les fronts, il se limitait à une zone de défense. Les maisons de la rue en profitaient pour établir, comme en Corée, un « 38e parallèle » grâce à leurs murs élevés. Le parallèle se déplaçait progressivement, d'un côté régnaient chaleur et clarté, de l'autre fraîcheur et obscurité. Les passants, repérant où ils se trouvaient le mieux, choisissaient le passage frais et ombragé. Leur attitude rappelait le film nord-coréen projeté à ce moment-là dans les salles de cinéma: *Le Destin de Kim-hee et Eun-hee*[1]. Affligés par le destin misérable d'Eun-hee, voilà qu'ils choisissaient, l'été venu, un parcours bien à l'ombre pour se réfugier, avec elle, du mauvais côté du parallèle.

Le soleil avait bien du mal à se coucher durant l'été, mais il y parvenait finalement. Les enfants, pendant les vacances d'été, suivaient de près son mouvement: dès que l'occasion se présentait, ils plongeaient dans la douve au pied des remparts et savouraient la plus grande joie que pouvait leur procurer cette saison. Entre chien et loup, toutes les embarcations filaient à la surface des douves avec une extrême prudence car à ce moment-là, des quais, des toits, des fenêtres et des embrasures de portes de toute la ville, pouvait surgir un grand gaillard, criant à tue-tête, qui allait se jeter dans l'eau. Il fallait aussi faire attention à ces écorces de pastèque qui flottaient à la surface, car certaines servaient de bonnets de bain aux enfants qui nageaient là. Ces maudits enfants, la tête flanquée d'une moitié d'écorce

1- Film de propagande communiste diffusé dès 1975 en Chine, évoquant les destinées contraires de deux sœurs jumelles séparées dans leur jeunesse : une vie faite de malheurs pour Eun-hee restée en Corée du Sud, un destin heureux pour Kim-hee, partie en Corée du Nord.

de pastèque, attrapaient l'ancre et la chaîne des navires qui passaient. Pour ne pas trop se fatiguer en jouant dans l'eau, ils forçaient les bateliers à les tirer un peu plus haut ou un peu plus bas. Alors les mères, qui s'aspergeaient au bord des quais, voyaient arriver ce qu'elles craignaient le plus : leurs enfants prenaient le risque d'empoigner l'ancre des navires qui les entraînaient au ras de l'eau dans leur sillage. Un court instant, elles les perdaient de vue et se mettaient à hurler à s'en déchirer la gorge, mais à quoi bon ?

Lorsque la nuit approchait, la rue se transformait en cantine à ciel ouvert. De chaque côté, nombreux étaient ceux qui déménageaient la table du dîner. Grands et petits s'asseyaient sur la chaussée, la bouche pleine de nourriture, observant ceux qui, au retour de leur longue journée de travail, passaient à côté d'eux à bicyclette. En mangeant dans la rue, on donnait forcément aux vieilles dames, qui aimaient fourrer leur nez dans les affaires des autres, quelque chose à se mettre sous la dent. Certaines adoraient examiner ce que les familles avaient au menu du jour. Une de ces vieilles, agitant de la main un éventail en feuilles de palmier, circulait et s'arrêtait entre les tables. Elle se disait, en regardant chaque table, qu'elle était bien garnie, puis demandait : « Qu'est-ce que vous mangez de bon ? » La maîtresse de maison répondait : « Rien de bien bon, du poisson salé et du navet sauté. » Alors la vieille dame rétorquait : « C'est ça que vous appelez *rien de bien bon* ? C'est pas bon, le poisson salé ? »

La couleur du ciel s'assombrissait peu à peu mais presque tous les voisins de la rue étaient encore dehors. Des familles coupaient des pastèques et toutes les têtes se pressaient autour d'une bassine usée dans laquelle on crachait les pépins à tour de rôle. D'autres tardaient à desservir leur table car le fils n'était pas encore rentré. Il finissait par arriver, trempé jusqu'aux os. Furieux, le père lui demandait : « Où étais-tu passé ?

— Nager, tiens, tu t'en doutes pas ? » rétorquait le garçon avec impatience.

Fixant le corps de ce fils en pleine puberté, le père répliquait : « Jusqu'où es-tu allé, accroché au bateau ?

— Jusqu'à Likou », répondait le fils.

La prunelle des yeux du père était prête à exploser de rage : « Je t'ai interdit de t'accrocher aux bateaux et voilà que tu recommences, c'est après la mort que tu cours ? » Et puis, tout naturellement, alors que le père récompensait son fils d'une paire de claques retentissantes en pleine rue, les voisins avançaient de droite et de gauche pour former un cercle autour d'eux. On entendait des cris de colère, des sons confus, des cris du cœur, puis des mots étouffés par les sanglots. Tous ces sons se mêlaient inévitablement, provoquant un tel tapage que, même de très loin, on en captait le moindre détail. Des curieux accouraient, certains leur bol entre les mains. Et comme ils couraient, l'été ardent trouvait, la nuit tombée, un nouveau souffle.

LA PLUIE ET LES TUILES

La pluie d'il y a vingt ans et celle d'aujourd'hui n'ont pas le même son. Avant, lorsque les gouttes de pluie tombaient sur les très anciennes tuiles grises, on entendait, de l'intérieur, comme le clair tintement d'une clochette que l'on toque. Sans exagérer, le bruit de la pluie sur les tuiles sonnait comme une musique, dont l'interprète invisible, lunatique et extravagant, aurait soudain perdu patience et fait éclater la pluie dans le ciel comme des pétards. C'était à se demander si une pluie aussi violente ne portait pas en elle de la malveillance. Puis notre interprète, soudain lassé, abandonnait sa tâche. On n'entendait alors plus que l'eau, retenue par l'avant-toit de la maison, se laissant doucement glisser devant nos fenêtres, toute désolée. A cet instant, la rue tranquille reprenait ses esprits et, imperméable sur le dos ou parapluie à la main, on retournait chez soi en foulant le sol boueux. Un cri de joie semblait retentir : « La pluie s'est arrêtée ! La pluie s'est arrêtée ! »

Le poète chilien Neruda aimait la pluie, qu'il qualifiait de force sensible et effrayante. Son regard et ses commentaires sur la pluie me laissent perplexe. Qu'est-ce qui rend la pluie sensible ? Qu'est-ce qui la rend effrayante ? Ces questions sans queue ni tête éveillent pourtant mon intérêt. Imaginez une pluie torrentielle qui pousse tous les piétons à l'abri, sous les avant-toits et dans les maisons. Même en tombant plus fort encore, elle ne mouillera ni vêtements ni papiers. De notre place au sec, comment faire l'expérience de ses côtés sensible et effrayant ?

Vingt ans en arrière, j'habitais dans le Sud une maison au confort rudimentaire, dont l'agencement et les matériaux de mauvaise qualité me déplaisaient et m'inspiraient une véritable aversion. Mais un été, en montant sur le toit du hangar de la cimenterie, de l'autre côté de la rivière, pour m'entraîner à plonger, je prêtai attention pour la toute première fois aux petites tuiles d'un bleu sombre sur le toit de ma maison. Elles étaient parfaitement alignées, comme des écailles de poisson, et me surprirent par leur beauté jusque-là insoupçonnée. Un souvenir extraordinaire pour moi, tout comme le temps ce jour-là. Une énorme averse avait soudain éclaté, mais nous, petite troupe de garçons s'entraînant à plonger, nous bravions la pluie et restions là-haut, perchés sur le toit du hangar. Nous observions les gouttes de pluie qui s'empressaient de tomber du ciel, d'arroser les rues et de faire fumer les toits des maisons d'en face, tout en nous nettoyant le corps.

Ce fut l'unique fois où je vis le toit de ma maison sous la pluie : elle s'abattait violemment sur les tuiles, où se formait, à la place d'éclaboussures, un brouillard blanchâtre. Puis elle se calma, le brouillard se dissipa et la toiture dévoila ses lignes précises et fluides. Je m'aperçus que la pluie et les tuiles s'étaient livrées un combat effréné, sans qu'il fût possible de discerner dans quel camp était le blessé. La pluie avait lavé les tuiles de leur poussière, c'était visible à l'œil nu. Les vieilles tuiles avaient laissé faire cette pluie inattendue et elles brillaient maintenant d'un nouvel éclat, scintillaient presque. L'herbe ondulée sur l'avant-toit avait retrouvé son vert vif. Et cette première fois, où j'écoutai avec attention la musique de la pluie tombant sur le toit, je fis une nouvelle découverte : ce n'était pas la pluie qui jouait cette mélodie, mais les tuiles, en jonglant avec elle.

Cela peut paraître bizarre mais depuis ce jour-là, pour moi, le son de la pluie, c'est celui des tuiles. Vision sans doute idéaliste, éloignée des sciences de la nature, mais enracinée dans ce souvenir. Les souvenirs ne sont que des souvenirs. Outre le toit de cette maison, décrit plus haut, j'ai aussi l'image d'une fenêtre ouverte, derrière le vaste rideau de la pluie. A travers la fenêtre, dans la maison, je vis ma mère penchée sur la machine à coudre, s'affairant à confectionner une chemise pour mon frère aîné et pour moi.

Je ne sais plus ce qu'est devenue cette chemise et ma mère est décédée depuis longtemps déjà. Mais je sais qu'une averse, il y a vingt ans, m'a rendu amoureux de la pluie. Si un toit est recouvert de tuiles grises, la pluie n'a rien d'effrayant, et si ta mère a cousu pour toi une chemise neuve, autrefois, dans le bruit de la pluie, alors tu ne peux être un cœur solitaire.

Voilà ce que je sais de la pluie.

Et des tuiles.

LE SECRET DES RIVIÈRES

Pour ceux qui habitent le long de ses berges, la rivière détient un secret.

Chaque jour, la rivière ressent tout le poids des flots, qui, en couvrant son lit, l'étouffent inlassablement de leur amour. Comment parviendrait-elle alors à révéler son secret ? Les poissons savent ce qui compose l'eau d'une rivière, car leur organisme en dépend. Mais ces créatures, pugnaces et opiniâtres, sont naturellement avares en paroles et insociables. Les poissons préfèrent cracher leurs bulles inutiles plutôt que de converser avec les humains sur les berges.

Le secret des rivières en restera toujours un. *Je ne te dirai jamais, mon amour, pourquoi le ruisseau coule lentement.* Voilà un vers du poète espagnol García Lorca, amoureux des rivières qu'il enveloppe de mystère avec ces mots. Pourquoi l'eau de la rivière coule-t-elle doucement ? Est-elle fatiguée, tourmentée ? Est-ce une attitude de soumission ou le présage d'une rébellion ? Somnole-t-elle ou prépare-t-elle une attaque ?

Les bords d'une rivière sont ses entraves : forts de leur pouvoir, ils refusent de mieux connaître son intimité. Eux qui se montrent très familiers et amicaux envers les champs, les embarcadères, les guinguettes, les chantiers de construction ou encore les promeneurs, ils la traitent, elle, sans le moindre égard. Leur relation est clairement fusionnelle. Les bords d'une rivière se prennent pour son administrateur et son gouverneur, mais elle ne l'entend pas ainsi. Les habitants sur les berges savent combien son intimité est complexe car ses eaux, quoique transparentes, abritent un esprit insondable. La puissance d'une rivière est difficile à estimer. A un moment opportun de l'été et du printemps, elle déclenche une révolution qui fait disparaître ceux qui la briment, pleins de suffisance et d'insolence. Dès lors, la relation s'inverse, tout se retrouve sans dessus dessous. Les habitants, alarmés, utilisent tous les matériaux de construction possibles pour faire obstacle à cette visite que la rivière leur rend. On ne peut pas leur en vouloir d'être à ce point paniqués : habitués à s'inviter sur les flots, ils ne se sont jamais préparés à être les hôtes d'une rivière. En été, ils parlent de l'inondation, affolés : « Il a plu fort toute la nuit, l'eau s'est ruée à l'intérieur des maisons, il y a même des familles dont les meubles flottent sur l'eau, et dans les rues, les voitures sont comme des bateaux qui auraient jeté l'ancre. » Ils pestent contre cette inondation qui empoisonne leur existence, sans réaliser que partager une nuit avec la rivière est un événement qu'ils devraient considérer comme normal. Les hommes ont établi cette relation avec la rivière et elle ne s'y est pas opposée, si bien que nombre d'entre eux se sont fait de fausses idées. En partant du principe qu'une transaction se doit d'être équitable entre deux parties, la conduite de la rivière s'explique tout à fait. Imaginez que vous vous rendiez souvent à un endroit pour vous y divertir, eh bien, il est inévitable que le propriétaire de cet endroit vienne vous rendre votre visite, par politesse. La nature et le peu de moyens dont dispose la rivière déterminent ce qu'elle vous offrira : de l'eau, encore et toujours de l'eau.

Durant la saison des pluies, la rivière retrouve sa dignité. En faisant déborder ses flots, elle signale aux hommes qu'ils ne doivent pas la mépriser ni la bafouer. Puis cette saison passe. Au cœur de l'automne, les habitants voient le niveau de l'eau monter très haut. En s'abattant abondamment sur les flots, la pluie redonne à la rivière un visage frais et cristallin. En automne, la rivière et les arbres qui la bordent ont un mouvement inverse, ils jaunissent et perdent leurs feuilles dans le souffle du vent tandis qu'elle présente un visage rayonnant et regorge de vitalité. Lorsqu'on se tient sur un pont qui enjambe la rivière et qu'on domine ses flots, on prend conscience de leur vitesse, de leur ardeur, et cette vision nous perturbe : on est en face d'un cheval sauvage lancé au galop, du long discours, en pleine campagne, d'un penseur tout juste sorti du cachot, bref, de l'épanchement que la rivière adresse annuellement au monde. Elle dit à ceux qui la bordent : « Mon eau est maîtresse d'elle-même, elle ne peut être entravée. Vous ne pouvez ni la détourner ni dresser un barrage devant elle, vous êtes obligés de la laisser galoper. » Et à ceux qui habitent son voisinage : « Chez vous, il n'existe aucune croyance qui soit plus forte que celle de l'eau, personne n'est plus heureux qu'elle, car elle croit en l'océan, avec simplicité et pureté ! On peut donner toute sa confiance à l'océan, son sein vaste et profond vous met à l'abri. Il accueille chaque rivière, sans lui réclamer de l'encens ou de l'or, sans édifier de croix, sans lui promettre le paradis. Il lui dit simplement de s'approcher. » Alors la rivière y va. Elle coule à toute vitesse vers la mer en entonnant son hymne à elle, éclatant de ferveur, qui ne compte que ces deux mots : « Vers l'océan ! Vers l'océan ! »

Qui pourrait, d'une plume aussi douce qu'impérieuse, composer pour les rivières l'hymne des quatre saisons ? J'en suis incapable. Il semblerait que vous aussi. J'ai toujours aimé lire la littérature et la poésie qui évoquent les rivières. Une âme qui les chérit et s'intéresse à elles a quelque chose d'un peu aquatique, elle aussi. Ces âmes-là sont comme des lanternes de pêcheur : même si elles ne parviennent pas à illuminer un ciel obscur aux abords des rivières, leur lumière fait de l'eau une amie, et cela force le respect des hommes. Qui possède une plume assez aiguisée pour toucher au cœur d'une rivière profonde ? Pas moi, ni vous non plus, hélas. Son secret ne se partage pas avec les hommes, je l'ai déjà dit.

Lorsqu'on admire les rivières, on voudrait mettre fin à l'hostilité et à l'incompréhension qui grandissent un peu plus chaque jour entre les hommes et elles. Un amoureux fou des rivières prétend envier les poissons parce qu'ils sont à elles et peuvent sonder le fond de leur âme. Qui aurait imaginé qu'au fil des jours les rivières et les poissons perdraient ce lien ? Aux actualités, les reportages sur la baisse brutale du nombre de poissons dans les rivières pleuvent. Tous les problèmes qui les opposent sont résumés par ce terme, *pollution*, mais comment cette pollution peut-elle expliquer la révolution qui se trame dans les profondeurs des rivières ? Qui sait si ce sont les poissons qui ont trahi les rivières, ou bien elles qui les ont mis à la porte ?

Je repense tout à coup à une fenêtre dans la maison de mon enfance. Elle était à l'arrière et donnait sur une rivière – pardonnez ce terme prétentieux de *rivière* pour nommer un de ces cours d'eau maigrelets, si nombreux en Chine méridionale. Les cours d'eau de cette taille se situent toujours aux alentours ou aux limites de la ville. Chacun a son nom, fixé dans les annales du lieu, mais que personne ne connaît vraiment. Par habitude et par négligence, on parle de lui en disant : « la rivière », « au bord de la rivière », ou encore « de l'autre côté de la rivière ». Il rêve chaque jour de pouvoir rencontrer le Fleuve Bleu ou le Fleuve Jaune, mais à cause du long chemin à parcourir et de la difficulté à circuler, il peste à chaque instant, ce qui lui donne cet aspect maigrelet et déprimé. Aménagé depuis des années par les hommes, il supporte la charge de nombreuses missions, quasi impératives, comme relier la ville à la campagne pour le transport par eau en canalisant ses flots. Sur ses bords s'amoncellent les fruits du développement rapide : habitations, usines, ports et déchetteries. Pour toutes ces raisons, son visage porte le masque de la rancœur et du désespoir. Et bien que ce masque soit tout sauf admirable, il est tellement unique qu'il a marqué à jamais mon esprit.

D'aussi loin que je m'en souvienne, la rivière que je voyais depuis la fenêtre à l'arrière de la maison, était bridée, polluée et avait le mal du pays. Il n'est pas difficile pour un enfant de savoir si une rivière est heureuse ou pas. Il écoute le son qu'elle fait et contemple ses flots. Moi, je n'ai jamais entendu la rivière faire claquer des vagues impétueuses, elle était le plus souvent paisible. Il n'y avait que lorsque les bateaux de transport accostaient pour charger des marchandises qu'elle laissait échapper un léger marmonnement, comme quand on parle en rêvant. Bien que tout petit, je comprenais aisément que ses propos n'étaient pas enjoués et qu'elle n'était pas en train de souhaiter la bienvenue aux bateaux, bien au contraire, d'après ce que je supposais, elle leur disait : « Allez, dépêchez-vous de déguerpir de là ! » Pour un enfant, le courant de la rivière se montre encore plus paresseux et indolent que lui face à ses devoirs d'école. Gonflée d'animosité, la rivière refuse d'être un cours d'eau responsable et de bonne moralité. Lorsqu'au printemps on observe la saleté à sa surface, on réalise que, tel un mauvais garnement, elle traite avec espièglerie l'enchevêtrement de débris en train de flotter : « Vous les graisses, les légumes, les plastiques, les chats morts et autres préservatifs, si ça vous chante d'être là, alors restez-y ! Je m'en contrefiche ! » A l'aurore, les enfants regardaient les déchets flottant devant les quais en pierre. La rivière n'avait pas balayé les plus anciens et même elle en avait accumulé de nouveaux, le long des habitations. Elle vociférait : « Ce sont vos saletés, reprenez-les, je ne m'en chargerai pas ! » Dans mes souvenirs, le secret des rivières a toujours été un secret douteux. En été, saison où les rivières sont plutôt propres, je plongeais dans l'eau pour me laver et me baigner, comme mes voisins. Je me souviens de ce que j'ai vu la première fois où j'ai ouvert les yeux sous l'eau. J'ai vu l'intérieur de la rivière : une étendue d'eau immense et trouble qui ressemblait au ciel. Oui, on aurait dit qu'on levait les yeux vers le ciel, la seule différence était que l'eau vous agressait les yeux, comme si elle cherchait à les blesser en les piquant. Voilà une des prises de position de la rivière : elle a un faible pour les yeux des poissons mais abhorre ceux des humains. Ces derniers aiment à dire que les yeux ouvrent une fenêtre sur l'âme, sans doute la rivière déteste-t-elle précisément voir cette fenêtre s'ouvrir.

Je m'excuse d'avoir décrit cette rivière-là pour chercher à sonder l'âme des rivières en général. En réalité, ce qu'elles renferment sera toujours beaucoup plus riche et plus profond que la description que nous en ferons. Comme le prouve la drôle d'histoire que racontait ma mère à propos de la même rivière, celle qu'on voyait depuis la fenêtre de derrière : un hiver, alors que la rivière avait gelé, ma mère devait se dépêcher d'aller à l'usine sur la rive d'en face. Comme elle était pressée, mais aussi téméraire, elle décida de traverser la rivière gelée, comme si c'était un pont. Après quelques pas sur la glace, elle se mit à regretter son initiative car la couche était fine et cassante. En entendant sous ses pieds un craquement menaçant, elle stoppa net son avancée, effrayée. Mais il aurait été encore plus dangereux de faire marche arrière. Alors, tout en implorant la rivière, elle se résolut à continuer en direction de la rive opposée. Et devinez quoi ? Elle réussit à traverser sans problème ! Pour moi cette histoire est digne des *Mille et Une Nuits*, impossible à croire. Je lui demandai par quels mots elle avait imploré la rivière. Elle me répondit en souriant : « A ton avis ? Je l'ai suppliée : « Laisse-moi traverser, laisse-moi traverser ! Et elle l'a fait ! »

Si vous venez dans le Sud en hiver et vous retrouvez devant une de ces rivières, vous ne croirez pas à l'histoire de ma mère. Comme moi, le doute vous envahira. Pourtant, les histoires sur les rivières ne doivent se mesurer qu'à l'aune de ceux qui les pensent vraies. Et l'histoire de ma mère peut tout à fait être authentique. Songez à la description étrange et fascinante qu'elle a faite de cette rivière…

L'âme d'une rivière glisse à travers les flots. Quelque filet qu'on utilise, on ne parvient jamais à la capturer. C'est là son grand secret. Au fil de ces nombreuses années, je n'ai jamais pu oublier les histoires que l'on racontait par chez nous sur les fantômes des rivières. J'ai toujours pensé que ces fantômes, au corps tout moite et tout luisant, détenaient le secret des rivières. Pour une raison toute simple : les malheureux, morts par noyade, avaient échangé in extremis leur âme avec celle de la rivière, qu'ils avaient eu le temps de voir. Ainsi, leurs fantômes pouvaient aller et venir dans l'eau sans jamais plus se noyer. Ils avaient mis la main sur une clé, et cette clé ouvrait la porte du secret des rivières.

Il n'y a que dans les légendes que l'on rencontre ces fantômes. Que ce soit tard dans la nuit sur les berges d'une rivière, ou à bord d'un bateau qui glisse au fil de l'eau, cela n'arrive jamais. Si les fantômes des rivières sont les messagers des hommes, alors ils les ont trahis et sont à présent fidèles aux rivières. S'ils ne viennent plus sur les berges, c'est pour mieux protéger le secret. Absorbés par l'eau, ils se cachent à présent dans ses profondeurs, c'est certain. En levant leur tête verte et raide, ils lancent à leur mère patrie un dernier cri : « Vous les hommes qui êtes sur les berges, partez donc conquérir la lune et le cosmos ! Mais n'oubliez pas, l'eau, vous ne la vaincrez pas ! »

LE CINÉMA EN PLEIN AIR

Aujourd'hui encore, je repense souvent à l'écran de cinéma installé sur une aire de battage. Il était blanc, bordé d'un liseré cramoisi, et fixé négligemment sur deux perches de bambou. La lumière projetée sur l'écran ouvrait tout à coup une fenêtre de clarté et de gaieté dans la nuit habituellement sombre et lugubre de la campagne. Ceux qui, à ce moment-là, avançaient encore à toute hâte sur les petits chemins en direction de l'aire de battage et ceux qui arrivaient précipitamment de la ville accéléraient leur marche nocturne, inquiète et précipitée, alors que les actualités avaient déjà commencé. Pour eux, l'écran lumineux sur l'aire était comme une fenêtre sur le paradis qui, une fois ouverte, allait combler totalement le vide et l'ennui qui occupaient habituellement leurs soirées.

Oubliés les tracteurs, les batteuses et les meules de foin. Les paysans venus des alentours étaient pour la plupart assis aux premiers rangs. Ils avaient emporté de chez eux des bancs et des tabourets. C'est seulement lors de soirées comme celle-là qu'ils accédaient au statut de classe privilégiée. Mais les plus nombreux, c'étaient nous, des gamins et des jeunes venus d'on ne sait où, soit plantés dans la foule, soit en train de se frayer un chemin jusqu'aux premiers rangs sous un tonnerre d'insultes, pour s'asseoir par terre dans le peu de place qu'il restait, faisant fi des bousculades et des plaintes qui ponctuaient notre passage. Derrière l'écran, on trouvait aussi des gens assis, l'air un peu hautain, car pour éviter la bousculade et les risques de disputes, ils avaient fait le choix de regarder le film à l'envers. La projection commençait… En quelques instants, le brouhaha cessait. L'idole du public, Li Xiangyang, perçait l'écran, revolver à la main, puis c'était au tour de la partisane communiste, aux cheveux raides bien peignés, que toutes les jeunes filles cherchaient à imiter : Ke Xiang. Arrivaient ensuite Wang Lianju, dans le rôle du traître, avec ses cheveux pommadés et son visage poudré, et enfin, le chef des diables japonais, Song Jingda le fourbe. Avant même que les acteurs n'entrent en scène, les enfants racontaient tout ce qu'ils savaient sur leurs idoles, leurs parents les faisaient taire. En réalité, il s'agissait de joyeuses retrouvailles entre la foule et ses vieux amis les personnages. Sur l'aire de battage, c'était comme si on attendait leur visite. Peu importait qu'ils soient bons ou méchants, on les traitait tous impartialement, on clamait leur nom avec enthousiasme. Si la projection avait lieu en hiver, le vent du nord-ouest pouvait jouer de mauvais tours : les visages des hommes et femmes qui apparaissaient dans le film se tordaient au gré du vent. Ce dernier, violent et détestable, ne défigurait pas seulement les méchants mais aussi les bons et les héros. Je me souviens qu'un soir de grand vent, la belle héroïne Ke Xiang chanta de sa voix aiguë *Vol de nuages tumultueux* d'un bout à l'autre avec la bouche toute de travers.

L'allégresse qui régnait sur l'aire de battage perdurait jusqu'à ce qu'apparaisse le mot *Fin* sur l'écran, puis c'était une totale confusion. Des femmes se rendaient compte tout à coup qu'elles avaient perdu de vue leur progéniture et criaient d'une voix perçante le nom de leur enfant. De jeunes garçons débordants d'énergie se bagarraient soudainement entre eux, chassant la foule. La raison ? En fait, les choses s'étaient envenimées pendant la projection, la tête de l'un gênait la vue de l'autre, aucun n'avait voulu céder, et l'on réglait à présent les comptes. A cette époque, j'étais tout jeune. Je suivais l'aîné de mes voisins jusqu'à cette aire de battage inconnue, mais au moment de partir, je n'arrivais jamais à le retrouver. Voilà pourquoi dans mes souvenirs de cinéma en plein air, les retours, la nuit, sur des chemins effrayants, sont omniprésents.

Ces soirs où je rentrais seul à la maison, je suivais d'abord la foule sur les petits chemins au milieu des champs. Ceux avec qui je marchais tournaient au fur et à mesure en direction de leurs villages. Si bien que je me retrouvais seul, dans la pénombre, sur la route qui faisait le tour de la ville. L'air de la campagne n'avait rien à voir avec celui de la zone industrielle ; le parfum de l'herbe sèche et l'odeur du fumier se mêlaient et vous chatouillaient les narines. Le cinéma en plein air était à présent loin derrière et j'avais du mal à évaluer la distance qui me restait à parcourir. J'aimais voir et revoir le même film, mais cette passion avait un prix, et l'enfant que j'étais le payait par cette marche de quelques kilomètres dans la nuit, sans un brin de lumière, si ce n'est celle, bien insuffisante, des lucioles voltigeant parmi les hautes herbes sombres. Plusieurs fois, j'ai dû traverser tout seul le grand cimetière aux abords de la ville. Et j'y ai vu de mes propres yeux ce que l'on appelle des feux follets – je sais à présent que c'est le phosphore présent dans les squelettes qui fait croire à ces fantômes. Dans le cimetière, les arbres et les herbes, qui avaient poussé de manière échevelée, ajoutaient à ma frayeur. Pour ne pas paniquer, j'évitai de regarder vers ce qui provoquait ma peur. Je tournai la tête du côté de la route et entamai une course folle, visage en biais. Le vent sifflait en me griffant les joues et le cimetière s'éloignait de plus en plus. Enfin apparurent dans mon champ de vision la banlieue et sa myriade de maisons, qui formaient comme une chaîne de montagnes. Les fenêtres brillaient comme l'écran sur l'aire de battage, et mon regard s'appuyait maintenant sur elles. Je courais en toute hâte vers les fenêtres de ma maison, comme j'avais couru deux heures auparavant vers l'aire de battage et son écran.

L'ENGOUEMENT POUR LES POISSONS ROUGES

Un roi d'Asie du Sud-Est vint un jour dans notre ville et la visita durant trois jours. Au moment de partir, il emporta une jarre entière de poissons rouges de première qualité. Cet événement eut lieu dans les années 1970. Dans la rue, j'entendais les gens discuter de ce roi et de ces poissons, dont j'ai oublié le nom. Ce qui me reste clairement en mémoire, c'est que le généreux donateur des poissons était un simple citoyen. Certains le connaissaient et le traitaient d'imbécile qui ne sait qu'élever des poissons. Tout le monde parlait du roi, des poissons mais aussi de la gloire qu'y avait gagnée ce simple citoyen.

Peu après, dans notre ville, l'engouement pour les poissons rouges se développa dans la plus grande discrétion.

Je réalisai soudain que des tas de gens en ville élevaient des poissons rouges, alors que moi, je n'en avais même pas un. C'en était déprimant. A cette époque-là, il était plus facile de perdre un bien que d'en acquérir un. On ne vendait des poissons rouges nulle part, c'était d'ailleurs la même chose pour les fleurs fraîches. Je passais mon temps au bord du bassin du voisin, le regard envieux, à me familiariser avec ses poissons magnifiques. Le plus grand chagrin pour un enfant, c'est de ne pas avoir ce qu'il désire. Peu à peu, ma famille comprit ce qui me tracassait. Ma grande sœur répétait autour d'elle : « Mon petit frère rêve d'avoir des poissons rouges ! » Et ma mère, à ses collègues de l'usine : « Mon fils veut des poissons rouges, ça le rend dingue ! »

La folle joie que je ressentis la toute première fois où j'eus enfin des poissons ne dura que cinq jours. C'est ma sœur qui me les rapporta : quatre superbes « perles multicolores ». Je me souviens que leur dos était tout tacheté de points blancs. Un enfant voisin m'apprit que ces poissons étaient très précieux. Comme je me souviens de ces poissons rouges, et de la joie qu'ils m'ont apportée pendant cinq jours ! Cinq jours où je dépensai une énergie folle à leur trouver de la nourriture et leur préparai même des réserves. J'ignorais qu'en mangeant trop mes poissons risquaient de mourir.

Je me souviens avec précision de la période pendant laquelle ces « perles multicolores » furent miennes : cinq jours à peine. Le cinquième jour, alors que je rentrais de l'école, je vis les quatre poissons ventre en l'air. Aujourd'hui encore, je me sens tout honteux quand j'évoque ma réaction sur le moment : parti dans des sanglots retentissants, je ne pris pas la peine de chercher la cause de leur mort. Jamais auparavant je n'avais vu de poisson rouge mort, c'était répugnant. Passer ainsi d'une telle beauté à pareille laideur, on aurait presque dit que je m'étais fait avoir. Je me sentais floué, non seulement à cause de cette perte mais aussi parce que j'étais blessé dans mon amour-propre. Ma douleur dut certainement décontenancer mes parents, car ma mère, contrairement à ses habitudes, me fit la promesse qu'elle m'aiderait à en trouver d'autres.

Un jour, elle rentra à la maison avec ce petit poisson rouge à la queue tordue au milieu d'autres poissons rouges, un peu plus grands que lui, appelés « jades cramoisis ». Il semblait bien modeste et humble parmi eux. Alors que ces derniers n'avaient pas encore changé de couleur, « Queue tordue », grand comme la moitié d'un doigt, était déjà tout noir, si bien qu'on ne pouvait pas repérer sa variété. Il était vraiment spécial, surtout avec sa queue de travers. Aux antipodes de ses magnifiques congénères. Motivé par un brin de déception, je lui donnai comme sobriquet « Queue tordue ».

Par la suite, je m'appliquai moins à mon travail d'éleveur de poissons rouges – je les trouvais toujours aussi adorables, mais avec l'arrivée de la puberté, j'avais d'autres préoccupations plus importantes. En ville, l'engouement pour les poissons rouges subissait un recul. Les « jades cramoisis » me quittèrent un par un en quelques mois. Queue tordue, lui, se distinguait par sa vitalité. Dans l'aquarium, il se comportait de plus en plus comme le maître des lieux. Grandissant dans la solitude et la faim, il devenait de plus en plus rouge et, du haut de son front, ses yeux arrondis me disaient, pleins d'assurance et de fierté : « Je ne suis pas Queue tordue, je suis Céleste ! »

C'est de ce « Céleste » à la queue tordue dont je veux parler. Après que tous ces beaux poissons eurent quitté l'aquarium et alors que je perdais peu à peu tout intérêt pour eux, il m'accompagna sans faillir pendant quatre ans. A cette époque, j'avais quitté mon pays natal et poursuivais péniblement mes études dans une faculté de Pékin. Je ne pensais plus à mon poisson rouge à la queue de travers. Un beau jour, je reçus une lettre de ma sœur, dans laquelle elle me parlait de mon tout dernier poisson rouge, Queue tordue, et m'annonçait sa mort. Pour résumer, un peigne était à l'origine de son décès : alors qu'elle se coiffait, elle avait malencontreusement laissé tomber son peigne dans l'aquarium. Le peigne et le poisson rouge s'étaient brutalement rencontrés. Si le peigne en était sorti indemne, le poisson rouge, lui, ne s'en était pas relevé.

Je reconnais que la mort de Queue tordue est à l'origine de cette rétrospective sur ma courte carrière d'éleveur de poissons. Je finis par me sentir désolé pour ces petites créatures. Leur sort était prédestiné. Comme le fait que je n'aurais jamais été un bon éleveur de poissons. Impossible que ce soit moi qui offre un jour des poissons rouges de qualité supérieure à un roi. Même mon poisson à queue tordue, je ne le méritais pas. C'était le poisson rouge le plus résistant du monde. Il a trahi au final celui qui devait l'être, préférant offrir sa vie à un vulgaire peigne.

Si ces trois femmes m'ont laissé un souvenir aussi puissant, c'est parce qu'elles étaient atypiques. Evidemment, il y a une vingtaine d'années, personne n'aurait utilisé pareil terme. Je vivais dans une rue où régnaient conservatisme et bonnes manières : avec un sentiment équivoque, les gens traitaient ces femmes de « débauchées » (remarquons qu'ici « débauchées » indique surtout que ces femmes étaient coquettes ou couraient les amourettes ; lorsque les hommes prononçaient ce mot, ils en éprouvaient un plaisir étrange, tandis que les femmes, pour la plupart, grinçaient des dents).

Mais quel genre de « débauchées » étaient ces trois femmes ? Elles avaient des visages magnifiques, cela va sans dire, et leur apparence particulière semblait relever de trois styles différents : classique, occidental, et shanghaïen. Il faut expliquer que celle au style shanghaïen venait, disait-on, d'une des ruelles de là-bas. Elle avait cette indolence facile, propre aux belles femmes des grandes villes. Si chez une femme quelconque l'indolence est un défaut détestable, chez elle, c'était au contraire une parure d'une grâce admirable. Son mari était un Chinois d'outre-mer, de nationalité hollandaise, qui travaillait tout près, à la cimenterie. Elle restait à l'écart du tumulte de la ville et de ses ruelles, et échappait ainsi à sa banalité. Elle faisait ses courses en ville avec une sorte de besace bleu et blanc, en rotin tressé. A l'intérieur, il n'y avait le plus souvent aucun légume, uniquement des fruits. Des voisins curieux, après avoir jeté un œil dans son sac, lui disaient: « Vous n'avez rien acheté? Qu'allez-vous manger aujourd'hui? » Elle répondait: « Peu importe, les légumes n'étaient pas frais, on ne mangera rien aujourd'hui, rien que des fruits! »

Lorsqu'on parle de femmes, il faut évidemment évoquer leur toilette. Dans les années 1970, époque où il ne faisait pas bon être une belle femme, je me souviens que ces trois créatures ne se résignaient pas à laisser leur beauté au placard. Elles déployaient tous les moyens possibles pour s'embellir et, dans les rues ternes et moroses, dessinaient trois paysages en mouvement. Quand d'autres portaient leur bleu de travail ou leur uniforme militaire, elles arboraient pulls à col roulé et pantalons à pattes d'éléphant. Lorsque les cols roulés et les pattes d'éléphant devinrent populaires chez les jeunes, elles adoptèrent *qipao* et jupe en laine. Tandis que les autres femmes avaient les cheveux coupés au carré, bien lisses, elles se les faisaient friser en une multitude de vagues. Quand la fièvre des cheveux permanentés poussa toutes les femmes dans les salons de coiffure, elles laissèrent leurs cheveux au naturel, longs et raides. C'était ainsi : les trois femmes semblaient déposséder cruellement les jeunes filles de milieu modeste de tout pouvoir de création, en termes de coiffure et d'habillement. Elles étaient fières, très unies et quand elles se rencontraient parfois dans la rue, elles se prenaient par l'épaule et se faisaient quelques confidences. Mais, à la différence des paons, elles ne déployaient par leur roue à qui mieux mieux devant les autres. Sans doute parce que chacune avait un statut différent : la Shanghaïenne et l'Occidentale étaient mariées, tandis que la Classique était beaucoup plus jeune et pas encore fiancée.

L'histoire de l'Occidentale, à y repenser aujourd'hui, avait tout d'un film français : romantique, mélancolique et profond. On peut imaginer, grâce à son surnom, les traits de son visage ; bien qu'elle eût grandi dans le quartier, et sans qu'on sache pourquoi, elle avait tout d'une beauté italienne. Des trois femmes, son caractère était le plus exubérant. Des gros mots fusaient souvent de sa bouche, suscitant autant l'excitation que la nervosité chez ses jeunes admirateurs. La légende qui entourait cette femme venait de son histoire d'amour et du visage émacié et blême d'un homme derrière elle. Quand, les après-midi d'été, elle se tenait à sa porte, en chemise de nuit, mourant d'ennui et pleine d'attente face au spectacle de la rue, son regard débordant d'émotion provoquait chez les hommes qui passaient une sorte de bonheur illusoire. Mais un homme, derrière elle, sortait alors de l'obscurité de leur ruelle. La femme surveillait la rue en minaudant, l'homme taciturne surveillait sa femme. C'est une image de l'amour que je n'ai jamais pu oublier. Dans notre rue, tout le monde savait que l'Occidentale, dans sa jeunesse, avait vécu de manière répréhensible, comme les jeunes filles à problèmes d'aujourd'hui. Elle était souvent convoquée au commissariat de police. Un jeune policier de l'état civil fut désigné pour mener son interrogatoire. Qui aurait imaginé qu'il tomberait amoureux d'elle... Dès lors, il n'eut de cesse de suivre celle qu'il avait interrogée. Comme vous vous en doutez, ce policier de l'état civil et le mari de l'Occidentale ne font qu'un avec l'homme de tout à l'heure. Il suffisait d'être de cette époque pour savoir que celui qui convoitait une beauté en paierait fatalement le prix. D'après ce que je sais, cette histoire d'amour jeta le discrédit sur ce jeune homme. Il finit par abandonner son poste tant convoité dans les forces de sécurité publique. On comprend alors mieux pourquoi il avait le teint si blafard.

Il nous reste à parler de la Classique ; or son histoire est celle que j'ai le moins envie d'évoquer. A l'époque, je passais tous les jours devant sa porte pour aller à l'école, je la voyais souvent. On n'exagérerait pas en affirmant que son visage, plus beau que la lune, faisait pâlir les plus belles fleurs. Elle était timide et semblait ne savoir que faire de sa beauté. Du coup, elle marchait tête basse. En fait, c'est ce style retenu et réservé qui faisait dire qu'elle était classique. D'autant plus qu'à la maison, elle se montrait très respectueuse envers ses parents. Son père, qui autrefois tenait une boucherie, disait qu'elle lui laissait toujours le dîner prêt sur la table, avant de sortir retrouver son ami. Mais qui était cet ami ?... Le fils d'un général à la retraite. On colportait secrètement qu'elle et lui se « dépravaient » (c'est comme ça qu'on qualifiait les relations entre filles et garçons à l'époque, mais sans malveillance). « Se dépraver » comportait un risque, celui que les femmes finissent par se chuchoter à l'oreille : « La fille du boucher est enceinte ! » Ce genre de rumeur, éveillant d'abord le désir brûlant des jeunes garçons pour la jeune fille, l'anéantissait tout aussi vite. Qui aurait pensé que dans une forêt de bambous aux abords de la ville, cette jeune fille timide exigerait de son petit ami qu'il l'épouse et lui donnerait même trois gifles ? Plus tard, on crut malin d'affirmer que ces trois gifles avaient ruiné son destin amoureux. Le fils du général, un grand gaillard bien bâti, aurait dû encaisser les gifles sans rien dire… mais il affirma mordicus que, bien qu'elle fût enceinte, ils allaient se séparer. Ce comportement mit la jeune fille en rage, elle voulut encore le frapper au visage, mais il la saisit au cou. Telle est la triste histoire d'amour de la Classique : une nuit d'hiver, elle fut étranglée par son petit ami dans une forêt de bambous, non loin de l'usine où il travaillait. De source bien informée, on raconta ensuite que ce soir-là, ils avaient même fait l'amour (ces conclusions, bien qu'émanant du médecin légiste, n'en étaient pas moins infâmes).

Le destin de tous, y compris celui des belles femmes, va ainsi à l'encontre de ce qu'il faudrait. Plusieurs années plus tard, l'après-midi où j'écrivais ce texte, je n'avais en mémoire que des souvenirs épars, impossibles à rassembler. Je n'avais plus jamais revu ces trois femmes, mais je me souvenais encore d'un après-midi, il y a plus de vingt ans, où j'étais allé faire des courses à l'épicerie du quartier. La Classique était là, appuyée au comptoir, à discuter avec une employée. Ce devait être l'automne juste avant sa mort. Elle montrait à l'autre jeune fille des photographies en couleurs que la Shanghaïenne, qui venait tout juste de déménager à Hong Kong, lui avait envoyées. Je jetai un coup d'œil en douce ; sur une photo, la Shanghaïenne était adossée à un arbre, avec ce même sourire indolent. Autour d'elle, on aurait dit un jardin ; à l'époque, les pellicules couleurs étaient rares, et c'en était encore plus éblouissant. J'entends encore la Classique s'exclamer : « Hong Kong, quelle chance ! Regarde-la, comme elle est belle ! »

BATEAUX

Le bateau pour Changshu passait chaque matin par le canal devant ma maison. Comme il appartenait à une société de paquebots, il était peint en bleu et blanc ; on distinguait très nettement le blanc de la cabine des passagers du bleu de la coque. Cela donnait au bateau une allure impressionnante et très digne. Chaque jour passait par cette voie un nombre incalculable d'embarcations. Le bateau pour Changshu était mon préféré. Je l'avais crayonné autrefois dans mon cahier à dessin. Voyant ce travail, mon professeur d'arts plastiques était resté interloqué : il n'imaginait pas que je puisse dessiner aussi bien.

On explique facilement tout ce qui est lié à la tendre enfance, et à travers leurs griffonnages, les enfants révèlent toujours inconsciemment ce qu'ils affectionnent. Chez moi, c'était l'amour des bateaux et il s'est prolongé jusqu'à aujourd'hui.

Dans mon souvenir, l'eau qui circulait dans les canaux de Suzhou était claire, propre et elle brillait. Dans les années 1960-1970, l'économie avançait mollement, mais le canal devant la maison, lui, était perpétuellement en mouvement, sillonné par d'innombrables bateaux voguant vers Changshu, Taicang ou Kunshan. On voyait le plus souvent une flotte de sept ou huit péniches accrochées les unes aux autres et chargées de marchandises. Tirées par un bateau à vapeur, elles avançaient sur l'eau en pétaradant. Sur ce bateau, j'apercevais nettement des ouvriers jouant aux échecs, ainsi que des couples et des enfants sur les péniches, à l'arrière. Chacune de ces familles attirait mon attention. Les enfants avaient tous à peu près mon âge et leur vie, qui progressait au fil de l'eau, me séduisait par son mystère.

Le motif qui se cachait derrière mon observation passionnée des bateaux était difficile à révéler, il venait d'une plaisanterie désinvolte de ma mère. Je ne me souviens pas quel âge j'avais à l'époque ni à quelle occasion ma mère prononça cette phrase : « Tu n'es pas sorti de mon ventre, je t'ai recueilli sur un bateau. » C'était une simple plaisanterie, comme le font souvent les mères à leurs enfants. Quand plus tard on grandit et devient adulte, on sait que ce n'est pas sérieux et qu'une mère ne dit ça que pour provoquer une expression d'effroi sur le visage de sa progéniture. Mais j'étais encore petit et incapable de comprendre cette plaisanterie trop compliquée. Si bien que je me mis en tête que je venais d'ailleurs, alors que cela restait tout à fait incertain. J'étais peut-être le fils d'une famille de bateliers, et ma vraie maison était peut-être un bateau !

Je ne pouvais pas dire aux autres qu'en m'intéressant aux bateaux, j'explorais aussi une part de moi-même. Parfois, appuyé à la fenêtre face au canal, je lorgnais chacune des embarcations qui passaient, portant toute mon attention sur la famille à son bord, me demandant si celle-ci pouvait être la mienne, ou encore celle-là. Il est toujours douloureux de s'imaginer tout un monde en secret. Lorsque les flots étaient calmes, j'apercevais souvent un canot qui repêchait des morceaux de tuiles. S'y trouvaient une mère et sa fille ; la mère, excessivement maigre, était handicapée d'une jambe et sa fille, bien que grande et bien bâtie, avait un visage disgracieux couvert de taches de rousseur. A chaque fois, j'étais presque terrifié à cette pensée : comment faire si jamais je suis l'enfant de cette famille ? Et c'est alors que je me rassurais : impossiblc, tu divagues, toute cette histoire entre toi et ce bateau, ce sont des mensonges.

J'étais encore écolier, lorsque le petit garçon d'un authentique batelier s'installa à côté, chez mon oncle qui n'avait que des filles. Les parents, par l'entremise de quelques bonnes relations, avaient envoyé leur fils chez lui. C'était un garçon sage et un peu taciturne. A son cou était accrochée une chaîne en argent comme en portent souvent les fils de bateliers. Je brûlais de connaître l'histoire de sa famille. Tout en me moquant de sa chaîne autour du cou, je lui posai toutes sortes de questions, lui demandai pourquoi il ne restait pas sur le bateau avec ses parents. Etait-il possible que vivre chez mon oncle fût plus amusant que d'être à bord ? Sa réponse se résuma à un : « C'est parce que je dois aller à l'école ici. » Il refusa de discuter avec moi, comme s'il ne souhaitait pas qu'on devienne amis. Cela me rendit un peu triste. Un jour, j'entendis dehors un grand bruit venant du canal. Je sortis en courant et vis une énorme barque s'approcher doucement du quai en pierre devant chez mon oncle. Le couple à bord s'affairait à accoster tandis qu'un petit garçon, debout à la tête de la barque, agitait désespérément la main en direction de la rive, criant : « Grand frère ! Grand frère ! Grand frère ! » Je vis ensuite mon oncle et ma tante tirer le garçon vers le quai. Je compris que ce bateau était celui de sa famille, que l'homme et la femme à bord étaient ses parents, et le garçon qui s'égosillait, son petit frère. Comme j'épiais cette scène avec quelque jalousie, je fus frappé par le visage fermé du garçon devant sa famille réjouie. Je me dis qu'il ne connaissait pas sa chance : sa mère avait des traits gracieux, son père était grand et portait beau, tous vivaient sur un bateau… et lui continuait de faire la tête !

Il avait logé chez mon oncle un semestre, puis son père était venu le chercher. Etrangement, dès qu'il fut parti, j'arrêtai de m'inventer une autre vie. Peut-être avais-je grandi. Ou bien ce garçon sage m'avait-il guéri de mes chimères autour des bateaux. Désormais, lorsque l'un d'entre eux avançait sur le canal, je n'étais plus qu'un spectateur ; je développais encore, à cause de mon âge, un imaginaire, mais seulement à propos de leur trajet et de leur destination. Dans le silence de la nuit profonde ou du point du jour, j'étais parfois réveillé par le son des godilles. Certains bateliers aimaient parler fort, l'un demandait bruyamment : « Vous allez où ? » L'autre répondait tout aussi fort : « A Changshu ! » Sous la couette, je me disais : « Changshu est bien trop près. Ce serait beaucoup mieux si vos bateaux prenaient le Fleuve Bleu puis voguaient en direction de Nankin, Wuhan, jusqu'à Chongqing. »

A la fin du collège, je m'inscrivis à l'examen de l'Ecole de la Marine de Nankin mais échouai, ce qui scella définitivement les destinées contraires entre moi et le monde de la navigation. Je suis à présent certain que je n'avais pas de lien spécial avec les bateaux. La seule fois où j'ai voyagé en mer, à l'image de ceux que la navigation terrifie, j'ai été pris de nausées incessantes. Je persiste cependant à croire que le bateau est le plus beau et le plus lyrique des moyens de transport. Si j'habitais encore dans une maison près de l'eau, et si j'avais un fils, comme l'a fait ma mère, je lui mentirais : « On t'a recueilli sur un bateau, c'est là que se trouve ta famille. »

Les mensonges à propos des bateaux sont malgré tout magnifiques.

NOTES DU PASSÉ

En évoquant le passé, les souvenirs qui remontent les premiers sont ceux de cette vieille rue de Chengbei, à Suzhou : une longue rue pavée de pierres grises, auxquelles la chaleur brûlante du mois de juillet donnait une teinte rouille délavée, et le froid glacial de l'hiver une nuance de gris verdâtre. Il fallait environ dix minutes pour remonter à pied la rue d'un bout à l'autre. Tout au sud se dressait un pont, autrefois suspendu, comme on en trouvait seulement dans les villes de Chine méridionale. On l'avait reconstruit en ciment. A l'opposé était planté un autre pont, qui menait à la route pour Shanghai. Au milieu, un troisième, que nous appelions le « pont de chemin de fer des étrangers ». Tout en hauteur, il enjambait la rue étroite de Chengbei. Chaque jour, les trains de la ligne nord-sud y passaient en sifflant.

Les maisons, les boutiques, l'école et l'usine de la rue étaient coincées entre ces trois ponts, et les habitants zigzaguaient entre eux. Le temps filait ainsi, année après année.

Je vois à présent un petit garçon qui marche, cartable sur le dos, en faisant rouler un cerceau en fer. Au moment où il arrive sous l'arche du pont de chemin de fer, un train passe avec fracas pile au-dessus de sa tête. De ses rails fissurés tombe de la vapeur, crachée par la locomotive. Un trognon de pomme jeté d'une fenêtre du train atterrit aux pieds de l'enfant. Cet enfant, c'est peut-être moi, ou mon frère, de deux ans mon aîné, ou peut-être le fils d'un voisin. Peu importe, c'est une scène vécue dans mon enfance.

Jamais je ne me suis permis d'exagérer le bonheur vécu pendant mon enfance. En réalité, j'étais un petit garçon un peu seul et vite inquiet. A part leurs quatre enfants, mes parents n'avaient strictement rien. Mon père travaillait pour un organisme en ville, il s'empressait d'y aller chaque jour sur sa vieille bicyclette. Ma mère était ouvrière dans la cimenterie d'à côté. L'âge avançant, son visage autrefois magnifique enflait souvent à cause d'une grande fatigue mais aussi de nombreux maux dont elle souffrait. Pendant plusieurs années, mes parents ont subvenu aux besoins d'une famille de six personnes, avec à peine plus de quatre-vingts yuans. On peut imaginer la dureté du quotidien.

Ma mère repose aujourd'hui dans l'autre monde. J'ai encore très nettement en tête une image d'elle, panier à la main, partant travailler pour l'usine. Dans le panier, une gamelle avec son déjeuner et des semelles en toile. Dans la gamelle, il y avait parfois des restes de riz et de légumes de la maison, parfois rien d'autre que du riz. Les semelles, c'était pour faire des souliers à ses enfants. Elle n'avait pas beaucoup de temps à elle, mais comme elle était rapide et adroite, elle arrivait à les coudre pendant ses pauses au travail.

De ces longues années de l'enfance, je n'ai pas le souvenir de contes, de bonbons, de jeux ou d'amour excessif venant des adultes. Je me souviens de la privation. D'une ampoule terne de quinze watts éclairant notre maison. Du sol en brique humide sur lequel on n'avait pas coulé de ciment. Des meubles rudimentaires qui sentaient le moisi. De quatre enfants autour d'une table carrée mangeant une soupe au chou et aux dés de viande, et que les deux grandes sœurs laissaient la viande à leurs deux petits frères. Comme il y en avait peu, en quelques coups de baguettes, tout disparaissait.

Il y eut une fois où ma mère, en allant acheter du sel chez l'épicier, perdit un billet de cinq yuans. Elle passa une journée entière à en chercher la trace. Lorsqu'elle abandonna tout espoir de le retrouver, elle en pleura de douleur, et je lui dis : « Ne pleure pas, quand je serai grand, je te donnerai un billet de cent yuans. » Je devais avoir sept ou huit ans lorsque je prononçai cette phrase, qui, révélant ma précocité et mon ambition, consola ma mère mais ne fut d'aucune utilité pour arranger notre quotidien.

A cette époque, le moment que je préférais, c'était le Nouvel An. On faisait éclater des pétards, on recevait des étrennes, on portait des vêtements neufs et on pouvait manger des cacahuètes, des noix, du poisson, du bœuf, du poulet… et beaucoup de choses qu'on ne mangeait pas le reste de l'année. Mon père, comme tous les habitants de notre rue, faisait tout son possible pour rendre ses enfants gais et heureux durant ces quelques jours de festivités.

Une fois qu'étaient entièrement balayés les restes de pétards, les papiers de bonbons et les coques de graines de pastèques, notre grand plaisir de l'année prenait fin. J'allais à l'école, je rentrais, je faisais mes devoirs, je jouais avec des billes et des paquets de cigarettes vides ; comme j'étais précoce et plutôt sauvage, je ne m'amusais que très rarement avec les enfants de la rue. Le soir, je me retrouvais souvent tout seul dans le noir. Dans la maison, mes parents se disputaient avec plus ou moins d'intensité, mes grandes sœurs sanglotaient derrière la porte tandis que moi, debout sous l'avant-toit, le cœur meurtri et plein de haine, je fixais notre longue rue et les gens au pas pressé : pourquoi aucun de nos voisins ne se disputait-il ? Pourquoi fallait-il toujours que ce soit chez nous, ces disputes incessantes ?

Cette rue qui m'a vu grandir, je l'ai souvent mise dans mes romans, sous le nom inventé de « rue des cédrèles ». Les gens et les habitudes de cette rue, je les ai souvent intégrés dans mes écrits. Mes souvenirs d'enfance, aussi lointains que précis, éveillent en moi depuis toujours une sorte de nostalgie.

Mes premiers jours de classe eurent lieu à l'automne 1969, c'était une époque encore troublée. Partout sur les murs de notre rue figuraient slogans et mots d'ordre. Quand on les lit aux enfants d'aujourd'hui, ils leur paraissent absurdes et obscurs. Pourtant, à l'époque, ils étaient si familiers à chacun des enfants de notre rue que nous les connaissions par cœur. La première phrase complète que j'ai écrite dans ma vie, je l'avais justement lue dans la rue. Elle était particulièrement rythmée : « Le comité révolutionnaire, c'est mieux ! » A cette époque, on ne recevait pas d'éducation avant six ou sept ans et il n'y avait pas cette influcnce des publicités et de la télévision comme aujourd'hui. Malgré tout, ces slogans qui envahissaient les murs avaient appris aux enfants à écrire et reconnaître des caractères, si bien que le plus idiot d'entre eux était capable d'écrire au moins deux mots : « vive » et « renverser ».

L'école primaire était une ancienne église rénovée. La grande salle où prêchait le pasteur servait à présent de salle de réunion. Pour les rassemblements, les enfants y installaient des rangées de tabourets et de chaises. Les nombreuses séances de critique, aux noms divers et variés, et les cérémonies de rentrée des classes ne correspondaient pas à l'esprit de ce lieu où l'on célébrait autrefois des services religieux. Le bâtiment, composé de cette salle aux fenêtres rondes ornées de vitraux colorés et, à l'arrière, d'une petite maison de style européen qui servait de salle de classe aux plus petites sections, ce bâtiment était le plus beau de toute la rue.

Ma première institutrice s'appelait madame Chen. Elle était douce et avait les tempes grisonnantes. Avec son sourire et ses manières élégantes, elle aurait pu être la première maîtresse de n'importe quel enfant. Malheureusement elle était déjà assez âgée et souffrait d'un glaucome. Quand j'entrai en troisième année de primaire, elle retourna dans son Hunan natal avec sa fille. Par la suite, de nombreux professeurs ont traversé ma carrière d'élève, mais madame Chen est restée celui que j'estime le plus : soit parce que pour un enfant, son premier enseignant est le plus précieux, soit parce qu'à cette époque agitée, un sourire doux et bienveillant comme le sien était rare.

Au cours de ma deuxième année de primaire, j'ai dû arrêter ma scolarité et rester à la maison, à cause d'une maladie grave. Chaque jour, sur mon lit de malade, je buvais des bols entiers de médicaments traditionnels. Ce fut une période de terrible solitude. Lorsque mes petits camarades, guidés par mon institutrice, vinrent me rendre visite et me réconforter, je me cachai derrière la porte, refusant de sortir : ma maladie et ce traitement de faveur m'empêchaient de leur faire face, j'avais trop honte. Comme je ne pouvais pas aller en classe, j'avais la sensation d'avoir tout perdu et d'être inférieur aux autres. Dans mes rêves, l'école, la salle de classe, le terrain de sport et mes camarades revenaient souvent.

Moi et mes camarades de classe du primaire et du secondaire avions tous grandi dans la même rue et connaissions la famille et l'histoire de chacun d'entre nous, avec ses moments plus ou moins glorieux. Au fil des années, nous nous sommes dispersés. Le hasard nous fait parfois nous rencontrer dans les rues de Suzhou. En bavardant de choses et d'autres, nous effleurons doucement les souvenirs de l'enfance. J'aime intégrer dans mes romans les anecdotes vécues par notre groupe d'enfants du Sud. Je ne sais pas s'ils s'y reconnaîtront. Peut-être pas, car je sais qu'ils sont déjà mariés, avec des enfants : bien trop occupés par leur vie quotidienne, ils n'ont probablement ni le temps ni l'envie de lire ce que je raconte.

L'été dernier, je suis retourné à Suzhou, dans notre petite maison familiale. En me promenant, j'ai rencontré, sur un pont en pierre, une femme qui avait été mon professeur dans le secondaire. La première chose qu'elle m'a dite fut : « Sais-tu que le professeur Song est décédé ? » J'ai été très surpris : il avait été mon professeur de mathématiques et mon professeur principal au lycée. Dans mon souvenir, il n'avait pas plus de quarante-cinq ans. C'était un professeur excessivement strict mais passionné par son travail. Elle a poursuivi : « Sais-tu qu'il a eu un cancer ? Tout le monde dit qu'il a fini par mourir d'épuisement. » Je ne me souviens plus de ce que j'ai répondu, il ne me reste en mémoire que sa dernière phrase à elle : « Un si bon enseignant, vous l'avez tous oublié. A l'hôpital, jour après jour, il brûlait de recevoir la visite de ses élèves, mais aucun n'est venu le voir. Avant de s'éteindre, il a dit combien cela l'avait blessé. »

Sur ce pont en pierre de mon pays natal, j'ai reçu la plus lourde condamnation intime de ces dernières années. En faisant mon examen de conscience, j'ai reconnu que j'avais quasiment oublié le professeur Song. J'ai l'impression que cette facilité à oublier est fréquente chez les nouveaux citadins d'aujourd'hui : parmi eux, très peu font l'effort de penser aux professeurs et aux camarades d'autrefois. Presque involontairement, on coupe les liens avec le passé, on met toute son énergie à s'imaginer et à se tracer un avenir. Les gens et les événements du passé n'occupent qu'une partie de mes romans, et je le regrette. Je doute de plus en plus qu'on puisse aussi facilement rompre avec le passé. Cet après-midi d'été où cette femme m'a demandé si j'étais au courant du décès du professeur Song en est l'illustration.

Quand j'évoque le passé, je repense toujours à mon enfance vécue à Suzhou, dans le quartier de Chengbei. Je me souviens encore du jour, il y a douze ans, où j'ai quitté Suzhou pour aller faire mes études à Pékin. Sur la route, je me sentais détendu et libéré. Par la fenêtre, j'ai aperçu un village inconnu, au-dessus duquel flottait un cerf-volant en papier. J'ai aperçu aussi, sur la campagne et les forêts, des nuées mouvantes d'oiseaux. Un cerf-volant et un vol d'oiseaux, voilà pour nous toutes les traces du passé comme de l'avenir.

PREMIERS JOURS D'ÉCOLE

La première fois où je suis allé à l'école, ce n'était pas pour étudier mais pour y jouer, ou peut-être simplement parce que personne ne pouvait s'occuper de moi à la maison, je ne me rappelle plus bien. Je devais avoir cinq ans quand j'ai suivi ma grande sœur jusqu'à son école. J'ai le vague souvenir d'une rangée de bâtiments en brique dans une petite rue retirée et calme. Un vieux monsieur, qui travaillait là, était planté sur le terrain de jeux et agitait une clochette en fer. Ma sœur m'a tiré par la main et nous sommes entrés dans une salle de classe. Imaginez un enfant encore trop jeune pour être scolarisé se retrouvant assis parmi un groupe d'écolières en fin de primaire. Très impressionné, je ne quittais des yeux ni le tableau noir ni l'institutrice qui se tenait devant. Sa coiffure et ses vêtements ressemblaient à ceux de ma mère. Sa prononciation claire et retentissante du mandarin lui donnait de la majesté et du mystère. En un clin d'œil, j'éprouvai le plus grand respect pour elle : elle avait détrôné ma mère.

C'était un matin de beau soleil, j'étais assis dans la classe de ma sœur, et personne ne faisait attention à ma présence non autorisée. Dans ma main, je serrais une flèche en papier cartonné. Le soleil de cette année 1967 traversait la fenêtre et me réchauffait, il créait une atmosphère chaude, inconnue de moi, qui avait quelque chose de sanguinaire, comme un péché. Je me souviens de la rumeur des élèves lisant leur leçon à haute voix, retentissant aux quatre coins de la pièce, encore et encore. Ce fut, quoi qu'on en dise, la première fois où je ressentis le délice de l'ordre et de la rythmique, propres à l'instruction.

Les souvenirs d'enfance sont, semble-t-il, toujours coiffés de l'auréole d'un bonheur illusoire. Tout compte fait, au cœur de la période la plus troublée de la Révolution culturelle, l'école de ma sœur n'était peut-être pas si belle, ni si douce.

Je suis entré à l'école à sept ans. Juste avant, mes parents m'ont emmené prendre des photos en pied dans un studio de photographe. Sur la photo, je porte un costume couleur sable, comme celui des soldats, et tiens un Petit Livre rouge à la main, devant la poitrine, le sourire fendu jusqu'aux oreilles. Plus tard, cette image est devenue l'emblème de cette première période de ma vie.

Mon école était autrefois une église, dont l'entrée donnait sur une avenue. En regardant au-dessus du muret qui l'encerclait, on apercevait un bâtiment en briques grises, qu'on avait très tôt transformé en salle de réunion pour l'école. A l'entrée, sur le côté, se dressait un palmier, arbre rare dans notre région. Dès l'automne 1969, cette école primaire sous un palmier devint ma toute première école.

Je me souviens de la première fois où j'y entrai. Il y avait des rangées d'élèves sur un terrain vide. La salle de classe des CP était dans une petite maison où habitait auparavant le prêtre. Devant, se trouvait une palissade peinte en bleu avec un panneau rouge en fer marqué « Bien apprendre, et aller plus haut chaque jour », un mot d'ordre familier dont je n'ai rien oublié. L'école avait toujours quelque chose de surprenant et d'heureux à nous réserver. Par exemple, le gainier devant la petite maison, lorsque toutes ses fleurs en étoile s'ouvraient. En tapant ses feuilles rondes à plat dans la main, on obtenait un son particulièrement clair. Ou encore le toboggan et les chevaux de bois au pied du mur d'enceinte. Le bois en était certes presque pourri mais ces grands jouets étaient les rares dont nous pouvions profiter. Les enfants les plus vifs s'amusaient tout le temps avec, tandis que les autres, sages et dociles, restaient là à regarder.

Le premier jour de classe fut un jour d'affolement et d'excitation. J'eus aussi ma part d'insatisfaction, car la maîtresse, au moment de nous placer, me fit partager mon pupitre avec une fille, nommée Wang, au premier rang en plus. Je détestais le premier rang, car je m'y sentais petit, faible et pitoyable. Et je détestais encore plus ma voisine : elle était négligée et ennuyeuse. Les autres filles portaient des jupes à fleurs et soignaient leur belle apparence, tandis qu'elle portait des pantalons bleus rapiécés. Son visage était recouvert de traces de morve. Elle n'arrêtait pas de me regarder avec une sorte d'effroi. Je la vis mettre son Petit Livre rouge dans un bol en aluminium, avec une anse. Elle fit aller et venir le bol entre ses mains, l'air un peu gauche. Sans doute ses parents lui avaient-ils recommandé de prendre le livre avec elle.

Ainsi passai-je ce premier jour en classe, avec le visage et le corps tournés de côté, et le cœur plein de ressentiment à cause d'une place qui me déplaisait.

Ma première institutrice s'appelait madame Chen. A l'époque, elle devait avoir une cinquantaine d'années. Son histoire, aujourd'hui encore, m'est inconnue. Je me souviens seulement qu'elle était du Hunan et que son mari était mort. Elle et sa fille ont vécu ensemble des années durant dans l'unique dortoir de l'école, qui était en fait la pièce au-dessus de la salle des CP. Je revois encore très nettement ses cheveux grisonnants, coupés au carré, ses pommettes saillantes et ses yeux fins en amande, brillants comme des étoiles. Toute l'année, le corsage gris et la jupe noire qu'elle portait lui donnaient un air propre et élégant. Dès sa première apparition devant les nouveaux écoliers, elle suscitait chez eux un idéal qui durerait toute la vie : une institutrice devait avoir ce regard brillant et ce sourire bienveillant, cette voix captivante et toujours puissante. Sa baguette devait rester droite sur son manuel de professeur et rarement brandie pour frapper le haut du crâne des élèves.

Un plus un égale deux.

be - pe - me - fe

a - o - e - i

Voilà les plus beaux sons de mon existence. Je me souviens que c'est madame Chen qui m'a appris les règles d'addition et de soustraction, et la transcription phonétique du chinois, le *pinyin.* Combien de caractères ai-je appris cette année de CP ? Deux cents ? Trois cents ? Je ne sais plus exactement, mais je sais que j'en eus besoin pour écrire une lettre de dénonciation contre elle. Dans cette période absurde, l'école était mise à mal. Chaque jour, à la radio, on appelait tout le monde à livrer bataille suivant telle ou telle direction. Alors moi et mon camarade ouvrîmes le feu sur notre institutrice en signalant de notre écriture toute de travers qu'elle avait osé frapper le bureau du poing en classe, persuadés qu'ainsi nous remettions en cause le fameux « respect envers le professeur » que la radio nous incitait à stigmatiser chaque jour.

J'étais persuadé que madame Chen verrait cette lettre de dénonciation placardée sur le mur de la salle des CP. Quelle allait être sa réaction ? Je me souviens qu'en classe elle arbora son sourire habituel. La journée finie, elle passa à côté de moi et tendit la main pour me caresser doucement la tête. Cette si douce caresse fut le triste *Poème pédagogique* de cette année 1969. Je m'étais comporté de manière bien ingrate avec elle. Et bien qu'on puisse incriminer mon jeune âge et l'époque, il n'en reste pas moins que vingt ans plus tard, en y repensant, je me sens encore désolé.

Lors de mon entrée en CE2, madame Chen et sa fille quittèrent l'école. Au moment de partir, mon institutrice qui souffrait d'un glaucome perdit presque la vue. Tous dirent que c'était à force de veiller trop tard le soir près de sa lampe. C'était en automne, au crépuscule, je marchais dans la rue. Je vis un triporteur avancer doucement, derrière étaient assises, ou plutôt serrées l'une contre l'autre, madame Chen et sa fille, entre deux vieilles malles en cuir et des piles de livres. Apparemment, elles rentraient pour de bon dans leur Hunan natal. Sans réfléchir j'appelai :

« Madame Chen ! » puis me cachai dans l'embrasure d'une porte. Je me souviens que madame Chen cria mon nom et remua la main dans ma direction, je l'entendis crier : « Il va bientôt faire nuit, rentre vite ! » Il me revint tout à coup à l'esprit qu'elle avait une maladie aux yeux et ne pouvait pas me voir clairement. Comment savait-elle que c'était moi qui l'appelais dans la rue ? Puis je réalisai qu'elle distinguait chacun de ses quarante élèves d'après le son de sa voix. Peu importe l'endroit ou le moment, les professeurs sont souvent capables d'appeler par son nom chacun de leurs élèves, sans jamais se tromper.

Je n'ai plus jamais revu madame Chen. Si elle est encore en vie aujourd'hui, elle doit être septuagénaire. On n'oublie sans doute jamais son premier professeur. Dans mon cas, madame Chen fut un phare magnifique dans une époque obscure ; elle fit briller et resplendir mon âme pure d'enfant et l'accompagna sur le long chemin incertain de la vie. Tandis que les flèches du temps s'abattent sur les branches sèches et effeuillées des années, certaines choses au contraire, année après année, brillent toujours d'un vert tendre. Comme le souvenir de ma première maîtresse, par exemple. Ma fille va bientôt prendre le chemin de l'école, cartable au dos. Chaque fois que nous passerons devant l'église transformée en école, je lui dirai que c'est là que Papa allait en classe quand il était petit, et dans mon oreille retentira vaguement la voix de madame Chen, plus de vingt ans plus tôt : « Il va bientôt faire nuit, rentre vite ! »

Il va bientôt faire nuit, rentre vite.

L'AMOUR D'UN PÈRE

Quand on parle d'amour paternel, on tient toujours des propos modérés et calmes. L'amour maternel, par sa grandeur, nous cache l'existence et la portée de l'amour paternel. Ce dernier a pourtant influencé certains d'entre nous, avec cette sérénité qui lui est propre. C'est là toute l'étrangeté de cet amour : il a honte de s'exprimer et oublie de se faire connaître, mais il est imposant et prudent. Voilà pourquoi certains le comparent finement à une montagne.

Il y a peu de temps, sur la route de Shanghai, en feuilletant une revue que j'avais emportée, je suis tombé par inadvertance sur un article très sérieux dans lequel un Américain exprimait sa vision de l'amour paternel. Permettez-moi de vous en faire part : il s'agissait certes d'un Américain mais en lisant comment, année après année, ce père avait préparé le jus d'orange pressé de son fils, j'ai tout de suite pensé à mon propre père. Pendant des dizaines d'années, lui aussi s'est levé tôt le matin, pour nous faire de la bouillie de riz. Et ce jusqu'à ce que chacun de ses enfants ait quitté la maison. J'ai lu tout l'article à la lueur de cette comparaison. L'auteur disait qu'immanquablement, après avoir fini son jus d'orange, il serrait son père dans ses bras et lui adressait un « Je t'aime » avant de s'en aller. Ce père américain acceptait l'accolade et l'amour de son fils, mais ne disait rien en retour. En Occident, se serrer dans les bras est un apprentissage obligatoire entre un père et un fils. Je n'ai jamais pris mon père dans les bras, mais quand j'étais petit, dès que je le voyais, je lançais un « Papa ! » spontané et routinier. Quand je fus un peu plus grand, il me parut agaçant de devoir l'appeler ainsi tous les jours. Je me dis que je n'avais pas besoin de le nommer pour qu'il soit mon père. Mais si j'essayais parfois de m'esquiver, il avait cette manière de s'approcher de moi en montrant son nez du doigt. Alors, j'étais forcé de lui adresser l'habituel « Papa ! ». Bizarrement, l'Américain, comme moi, se mit à détester cette embrassade quotidienne. Un matin, après avoir bu son jus d'orange, il pensa pouvoir s'éclipser tout de suite mais son père le bloqua à la porte et dit : « Tu n'as rien oublié aujourd'hui ? » Continuant la comparaison, je me dis qu'à sa place, j'aurais profité de l'occasion pour lui dire « Merci de me l'avoir signalé » et je l'aurais serré dans mes bras, pour couper court. Mais un fils américain ne fonctionne décidément pas comme un fils chinois. Et comme il se posait trop de questions, il demanda tout de go et fermement : « Papa, pourquoi ne me dis-tu jamais que tu m'aimes ? » Le fils voulait forcer son père à dire le fameux *I love you*. Puis arrivait le passage le plus émouvant de l'article : le père avait bien du mal à prononcer les trois mots pourtant familiers, et quand il y parvenait enfin, il ne pouvait retenir son émotion et se mettait à pleurer.

A ce stade de la lecture, j'ai moi-même failli pleurer, car cela me faisait penser à l'amour que je recevais de mon père. Je me suis dit que jamais je ne le forcerais à me dire « Je t'aime ». La seule chose qui me distingue de ce fils américain, c'est qu'il me suffit de le savoir. Si l'amour paternel n'a pas besoin de mots pour s'exprimer, alors, qu'on nous laisse, jour après jour, baigner dans son silence.

UN AMOUR ÉTERNEL

Je crois en l'amour. Et j'ai lu, à son sujet, beaucoup d'ouvrages d'une belle éloquence, rédigés au fil des générations. La plupart traitaient des tourments de l'amour, de sa folie, de comment il naît et se meurt. Mais mon propos est tout autre aujourd'hui : je veux parler de l'amour banal, qui prend des cheveux blancs, de sa décrépitude. Il n'est pas beau, et ne connaît ni le souci ni le conflit. Préférant les amours chaotiques, les hommes de lettres l'ont, à dessein ou par mégarde, laissé de côté. Je suis pourtant persuadé qu'un tel amour existe partout et qu'il a quelque chose d'éternel. Je vous conseille de chercher parmi vos voisins, en écartant les jeunes couples inséparables. Concentrez votre regard sur les couples vieillissants, vous y trouverez peut-être celui dont je parle.

L'ami lecteur le devine bien, j'ai en tête l'image d'un semblable couple : des voisins, décédés il y a bien longtemps.

D'aussi loin que je me souvienne, c'était un vieux couple qui avait marié ses deux filles. Je me rappelle une femme de haute taille. On devinait que plus jeune, elle avait dû être très belle. Le mari, légèrement plus petit, avait lui aussi les traits réguliers. Les jours de beau temps, on les voyait dans la rue. Elle tenait entre les mains une bassine de vêtements qu'elle allait laver au bord du puits. Le mari la suivait, un seau à la main. Quand elle frappait les couvertures d'ouate exposées au soleil, il sortait de la maison pour lui tendre une tapette en rotin. Un jour, je vis leur fille venir à leur maison, avec mari et enfant. Ce dernier toqua à la porte en criant : « Papi, mamie, ouvrez vite ! » A l'intérieur retentit un bruit de pas confus puis la porte s'ouvrit. J'aperçus les visages du vieux couple, tout sourire, de chaque côté de la porte ouverte. A ma grande surprise, je découvris qu'en souriant, leurs deux bouches partaient ensemble vers la droite.

Mais ces sourires parfaitement identiques ne suffisent pas à prouver l'amour qui unissait ces deux vieux. Tout se décida le jour où la vieille dame mourut.

La mort menace chacun de nous, mais ce décès-là fut brutal : un infarctus du myocarde. Le voisinage déplora cette disparition et s'inquiéta aussi pour le mari. Comment allait-il faire maintenant qu'elle était partie ? Comment ? Il veilla en silence la dépouille de sa femme. Ceux qui vinrent présenter leurs condoléances observèrent l'expression de son visage, moins marqué par le chagrin que ce qu'on pouvait imaginer. Il était simplement assis là, à veiller calmement son épouse, son unique épouse. Le lendemain, dans la pénombre du petit matin, tous se dispersèrent. Plus tard, on entendit leurs deux filles pleurer à chaudes larmes. Les voisins crurent qu'elles laissaient éclater à nouveau leur douleur d'avoir perdu leur mère, mais dès l'aube, ils les aperçurent dans la maison, soulevant le brancard d'un deuxième cercueil : leur père s'en était allé aussi.

Cette histoire, je ne l'ai pas inventée, elle est réelle. Ce vieil homme que je connaissais s'est hâté de suivre sa femme dans la mort, pour qu'ils partent ensemble vers le royaume des cieux. Leurs filles dirent qu'au moment de sa mort, il était assis, à regarder leur mère, puis il avait fermé les yeux. Elles l'avaient cru endormi. Qui peut imaginer qu'un homme puisse mourir aussi paisiblement et aussi librement ?

Tout le monde fut bouleversé par ce qui était arrivé au vieux mari. Etait-il parti sans souffrir de la moindre maladie ? Je ne le crois pas. A mes yeux, l'amour a emporté ce qui restait de vie en lui. Parfois l'amour est comme une maladie mortelle. Depuis, je crois aveuglément que l'amour traverse les années. Et si l'amour éternel existe, il doit être extrêmement vieux.

LE POINT DE VUE DES TOURISTES

Lorsqu'une connaissance me demande d'où je viens, c'est d'une voix retentissante que je réponds : « Suzhou. » Souvent, la réaction de mon interlocuteur ne me surprend guère, et il ou elle me dit, dans une extase tout droit venue du cœur : « C'est bien, Suzhou, c'est un endroit tellement bien ! » Modeste, je réponds : « Je ne vois pas ce que Suzhou a de bien, tout y est délabré ! » En face de moi l'autre secoue la tête vivement et rétorque avec sincérité : « C'est cette touche-là justement qui est superbe ! Ces villes célèbres de notre histoire, ces berceaux anciens de notre culture, c'est ce qui fait leur charme ! »

Je retrouve bien là le point de vue du touriste. Moi aussi, je tiens ce genre de propos au sujet d'autres villes anciennes comme Xi'an, Kaifeng ou Luoyang. Si seulement Suzhou avait pu conserver l'aspect qu'elle avait sous les dynasties Tang et Song ! Qu'elle offre à mes yeux, lorsque je la visite, les vestiges des bains utilisés par Yang Guifei ou les pivoines arrosées par Wu Zetian, et moi aussi je me laisserai aller à la nostalgie du passé. Je suis contre ce déclin continu de ma ville. La raison en est mesquine : les gens de ma famille vivent encore là-bas, j'y retourne moi-même souvent pour leur rendre visite. Plutôt voir Suzhou se transformer en Shanghai ou New York que de la voir rester une éternelle prétendue Venise de l'Orient, qui fait commerce de ses bâtiments délabrés, ses maisons prêtes à s'effondrer, et d'une eau loin d'être propre. Je préférerais qu'on ne vienne plus visiter Suzhou et, prenant la place du service d'urbanisme de la ville, j'agiterais un drapeau en hurlant : « Qu'on rase et qu'on jette ce qui doit l'être ! » Surtout les pots de chambre, en rang d'oignons, dans les vieilles ruelles. Les touristes ont beau les photographier sous tous les angles, comme s'ils voulaient garder le souvenir de précieux bijoux, ces pots de chambre n'en demeurent pas moins puants et sales. Il ne faut pas, sous prétexte que c'est de l'ancien, se faire rouler par des gens qui depuis longtemps se sont mis aux water-closets. Les touristes disent qu'il faut sauvegarder tout ce qui est ancien, mais ils se gardent bien de se mettre à la place des principaux intéressés. Qu'ils rentrent donc chez eux un pot à la main si ça leur plaît, on le leur donnera gratis !

Sans doute est-ce égoïste de ma part, mais lorsque j'entends ces touristes qui viennent à

Suzhou, mon côté rustre et peu raffiné se réveille. Peut-être est-ce aussi parce que, moi qui ai vécu là de nombreuses années, je n'ai jamais tiré le moindre avantage du fait que mon pays natal soit une ville ancienne (tout comme un touriste, il me faut payer l'entrée du jardin de la Colline du Tigre ou du jardin de l'Humble Administrateur). Peut-être est-ce encore parce que j'ai le souvenir du pot de chambre que j'utilisais plus jeune, en me couvrant le nez. Ou enfin, parce qu'un ami sarcastique critiqua un jour ma ville en ces termes : « Quelle fierté y a-t-il à être de Suzhou ? Chez vous, une fille assise sur son pot de chambre tire à peine un rideau de toile et continue de papoter avec sa belle-mère ! »

Ce monsieur ne partageait visiblement pas le point de vue des touristes sur Suzhou. A mon avis, il jalousait quelque peu mon origine mais comment et que répondre à de tels propos ? Je ne pouvais pas me saisir de la gloire de la ville pour la lui fourrer dans la bouche. Depuis cet épisode, j'éprouve une haine radicale pour les pots de chambre, et les pauvres gens qui les utilisent n'y sont pour rien. Je n'aime ni ces maisons où on les trouve encore, aussi antiques soient-elles, ni ces ruelles où on les expose, aussi pittoresques soient-elles.

Pourtant, le plus souvent, je suis favorable à la protection du patrimoine de l'humanité, surtout lorsqu'il s'agit d'autres villes anciennes toujours habitées : qu'on y conserve tout ce qui a plus de cent ans d'histoire… pots de chambre y compris.

D'OÙ VENEZ-VOUS ?

De nos jours, presque tous les citadins sont les descendants de paysans. Si on remonte quelques générations en arrière, on trouve systématiquement chez chacun d'eux au moins un ancêtre venant d'une contrée reculée. C'est ainsi que dans la colonne « Lieu d'origine » sur les papiers d'identité d'un citadin est écrit le nom d'un endroit où ce dernier n'a peut-être jamais mis les pieds. Cela n'a aucune importance : en fait, ce lieu d'origine, chaque Chinois est habitué à le porter en lui, où qu'il aille sur cette terre. Ce n'est qu'un lieu d'origine, après tout, et même si sa surface est immense, elle se réduit sur le papier officiel à l'espace occupé par quelques caractères, ce qui, somme toute, est plus commode.

Dans le passé, au cours d'un voyage, les gens aimaient engager la conversation. La personne assise à côté vous saluait souvent d'un : « D'où venez-vous, monsieur (mademoiselle) ? » A quoi l'on répondait en général par le nom de ce fameux lieu d'origine. Il existe des villes, comme

Hong Kong, qui conservent leurs traditions. Dans les rues, on tombe régulièrement sur un bâtiment défraîchi dont l'enseigne annonce en gros caractères « Amicale ou foyer des compatriotes de tel ou tel endroit ». Cela a quelque chose de réconfortant. Les gens, auparavant, accordaient une grande importance aux notions de compatriotes et de pays natal. La raison de ces rassemblements est on ne peut plus simple : nous sommes compatriotes, car nous venons du même endroit !

De nos jours, les voyageurs ont légèrement modifié leur manière d'engager la conversation, et on entend souvent un : « Où monsieur développe-t-il son commerce ? » On ne vous interroge plus sur votre passé ou votre histoire, mais sur votre présent et votre avenir. Les gens voient les choses sous un aspect moderne. Si on définit cela en termes de courants littéraires, il y a la vieille école, celle des romans classiques traditionnels, et la nouvelle, le courant néoréaliste dont parlent les critiques.

Aujourd'hui l'humanité s'évertue à parcourir le monde. Ces diables d'étrangers lorgnent sur notre terre ancestrale en long et en large, et nous, nous fonçons de l'autre côté de l'océan pour observer ceci ou cela et le copier. Bien entendu, il est plus radical encore, une fois son balluchon posé à l'étranger, de s'installer pour de bon chez ces gens. Voilà pourquoi aujourd'hui, lorsqu'on fait les boutiques à New York ou à Bangkok, on rencontre beaucoup de Chinois. On a beau être à l'étranger, on a presque l'impression d'être en Chine.

Certains sont partis pour de bon, c'est vrai, mais sans réfléchir, si bien qu'une fois arrivés au bout du monde, ils éprouvent le besoin de tourner la tête pour mieux regarder leur pays au loin. Je me rappelle avoir été invité une fois chez un compatriote à San Francisco. Sa maison était tout près de l'océan. A travers les fenêtres, la beauté de la vue vous subjuguait. Les autres invités dirent tous que le loyer devait chanter, ce que notre hôte confirma, en soulignant que cela le valait bien : « De l'autre côté de l'océan, c'est la Chine, chaque jour je peux regarder vers mon pays natal. » Ses paroles nous firent marquer un arrêt à tous, sauf à une femme sotte qui rétorqua aussi sec : « Avec mille dollars, on peut se payer un billet aller-retour pour Pékin. Autant retourner au pays une fois en passant. »

Prenons les courants littéraires pour opérer la distinction : cette imbécile de femme était néoréaliste, et elle avait mis à mal le lyrisme d'un néoromantique, c'est-à-dire notre hôte, qui après avoir tergiversé un moment, répondit en soupirant : « J'ai une tonne de choses à régler ici, ce n'est pas si facile de rentrer. »

ON NE MARCHANDE PAS !

Sur les marchés libres, on peut marchander. C'est l'avantage d'être libre. Mais c'est aussi un souci majeur, car les acheteurs et les vendeurs sont contraints de se livrer une bataille bien étrange, à grands coups d'ingéniosité, de stratégie et de postillons. Parfois pour à peine une sapèque.

Pour certains, le temps c'est de l'argent. Ils refusent de perdre leur temps à discuter un prix. Ils vont au marché acheter des légumes ou des vêtements, prennent le tout et filent. Les gens comme ça sont les mieux accueillis par les marchands ambulants, qui, s'ils sont honnêtes, font l'éloge de leur promptitude et les considèrent comme leurs meilleurs clients. D'autres vendeurs, s'ils ont fait affaire avec eux, ont la mauvaise habitude de jouer au plus malin. Tout en regardant de dos un de ces clients partir à la hâte, ils rient sous cape et disent à leurs collègues : « Quel enfoiré ! Même pas foutu de marchander ! » J'ai entendu un jour de mes propres oreilles, sur un marché, de pareilles insultes, et depuis j'ai pris l'habitude suivante : chaque fois que je vais y faire des achats, je me renseigne d'abord sans paraître intéressé, et je marchande les prix. Mon principe est qu'il vaut mieux adopter cette attitude simplette, plutôt que de se faire traiter d'enfoiré par un marchand.

Du moment qu'on a pris cette habitude, on ne peut plus en changer. Si on me dit huit yuans, je rétorque forcément cinq, avec un air de connaisseur. Parmi mes habitudes, nombreuses sont mauvaises mais celle-ci me remplit de satisfaction. Outre le fait d'imposer aux marchands d'âpres échanges, l'autre point positif est que mon porte-monnaie fait l'économie d'innombrables transactions douteuses. Et bien qu'il ne s'agisse que de quelques yuans ou dizaines de yuans, les petits ruisseaux font les grandes rivières. Depuis toutes ces années, j'ai repris des mains de ces marchands au moins de quoi me payer un écran couleur dix-huit pouces.

Les habitudes nous suivent, et l'on ne parvient pas plus à les changer lorsqu'on est à l'étranger. Un jour, sur un marché en Allemagne, je regardais un plat en porcelaine sur le stand d'une femme. Curieusement, alors que je m'apprêtais à ouvrir la bouche, la femme me dit quelques phrases en chinois. Plus jeune, elle l'avait appris pendant un temps. Je compris alors pourquoi elle avait souri à notre petit groupe de Chinois : ce n'était pas pour nous amadouer. Je demandai le prix du plat. Elle hésita un peu puis proposa un chiffre qui me parut très raisonnable. Hélas, comme je l'ai dit plus haut, une habitude reste une habitude… Je rétorquai en lui adressant un regard plein de sincérité : « C'est un peu cher, baissez-le de cinq marks, au nom de l'amitié germano-chinoise ! » Je lus de la perplexité dans ses yeux, puis, comprenant ce que j'avais dit, son visage devint tout rouge. Je pris conscience que mon habitude avait autant heurté son enthousiasme que son amour-propre. Elle reprit le plat en porcelaine, furieuse, et refusa de poursuivre une affaire avec quelqu'un de mon acabit.

Cette histoire, je m'en souviens encore aujourd'hui, parfois avec colère. J'en veux à cette femme d'avoir blessé aussi mon amour-propre. Si on ne pouvait pas discuter le prix, alors il aurait dû figurer sur le plat ! D'ailleurs, refuser de discuter un prix, ce n'est pas normal. Aujourd'hui, on peut tout marchander, et partout. Alors pourquoi pas elle ? Que les lecteurs tranchent.

L'HOMME DÉSINVOLTE

Qu'est-ce qu'un homme désinvolte ? On tombe souvent sur lui en voyage, c'est celui qui sent mauvais des pieds et aime ôter ses chaussures. C'est quelqu'un pour qui un bonheur ou une odeur se partage. Il lit son journal, ou dort, et ce faisant vous met ses pieds à la figure. Tel l'homme de bien toujours libre et serein, il ne rechigne pas à faire connaître le secret de ses pieds à tous, sans rien cacher ni faire de manières. Un homme désinvolte, c'est celui qui débarque chez vous, touche à tout et, au moment de partir, tire un livre de l'étagère et vous annonce qu'il l'emporte pour le lire. Un homme désinvolte vous invite chaleureusement à dîner, commande les meilleurs alcools et les meilleurs plats, s'exclame : « Bon sang, arrête de pinailler, c'est moi qui régale ! » Mais au dernier moment, en palpant ses poches, vous adresse un : « J'ai oublié de prendre mon portefeuille, mon pote, tu me fais l'avance ? La prochaine fois je t'inviterai à tel endroit (un restaurant des plus chers et des plus chics), c'est moi qui me taperai l'addition ! »

Le désinvolte donne des complexes aux pointilleux. Ils envient son aisance et se disent : « Ah, si j'étais comme lui, non seulement je passerais pour un grand seigneur, mais je pourrais en tirer quelque avantage, pas forcément sur le plan matériel, mais pour mon image : je recevrais des éloges de ceux à qui je fais plaisir. » Réfléchissez en toute franchise : si vous entendiez dire de vous que vous êtes désinvolte, cela vous mettrait-il en colère ? Non ! Non seulement vous ne seriez pas fâché mais vous ajouteriez en toute modestie : « Que voulez-vous, j'ai cette sale attitude depuis que je suis sorti du ventre de ma mère, je ne pourrai jamais changer ! »

Et comment qu'il est utile de changer ! Chaque fois que j'entends un désinvolte prononcer ces mots, je perds patience et je brûle de lui déballer : « Ah oui, tu ne peux pas changer, si tu changes, tu ne seras plus le même mais quelqu'un comme moi, une âme sensible, n'est-ce pas ? » Que le lecteur ne se méprenne pas sur mes propos et croie que je me montre ironique. Dès l'enfance, j'aurais vraiment aimé pouvoir faire preuve de désinvolture, sans arrière-pensée. Sincèrement, je trouve que vivre ainsi est plutôt heureux et profitable. Les gens d'aujourd'hui aiment dire : « Agis comme bon te semble. » L'homme désinvolte est le mieux placé pour expérimenter les limites de cette assertion.

Il a bien quelques petits défauts, que la plupart des gens trouvent d'ailleurs attachants, comme par exemple l'étourderie. Un homme désinvolte, lorsqu'il fait le tour de ses défauts, finit neuf fois sur dix par conclure : « Je suis vraiment trop insouciant, tout le contraire de toi, toujours si prudent et minutieux. Ah, que j'aimerais être comme toi ! » Ces autocritiques, les pointilleux sont incapables d'en discerner le vrai du faux. Ils se disent : « Qu'y a-t-il de mal à être insouciant ? » Et moi je commence à y voir clair : un insouciant n'est pas fait pour être comptable, car que lui importe qu'il y ait un zéro de trop ou de moins sur un livre de comptes ? Mais les personnes pointilleuses, qui pensent naturellement de manière plus complexe, sont capables de dire : « Ça n'a rien de grave de ne pas être comptable ! Tu es fait pour travailler dans la recherche et la création ! »

J'ai toujours bien aimé les désinvoltes, mais dernièrement, je suis allé à la poste pour envoyer un paquet à Hong Kong, et quelques jours plus tard, c'est moi qui l'ai reçu. Au départ, j'ai cru qu'il m'avait été renvoyé, mais en y regardant de plus près, j'ai fini par comprendre que c'était le résultat du travail insouciant d'un désinvolte. Et là, je n'ai pu me contenir : « Il a perdu son cerveau dans les chiottes ou quoi ! ? »

Visiblement, ce n'est pas avec quelqu'un comme moi que les personnes pointilleuses et étroites d'esprit le deviendront moins.

LA NAGE DU CHIEN

Je pratique souvent la natation pour exercer mon corps. La piscine n'est ni loin ni près de chez moi, je m'y rends en bicyclette, avec le matériel nécessaire dans un sac à dos. Comme le règlement pour les nageurs le recommande, je me douche rapidement, puis je fonce vers le bassin et saute dans l'eau pour un parcours de cinq cents mètres, un point c'est tout. Voilà bientôt deux ans que je pratique la natation de la sorte, en me disant que c'est une façon de profiter de la vie. Pourtant, depuis quelque temps, je m'ennuie à mourir lorsque je nage.

C'est à cause d'une famille venue à la piscine que tout a commencé : un jeune couple et leur petit garçon. Je nageais, bien concentré, et leurs cris joyeux m'ont obligé à remarquer leur présence. Dans ce bassin, en plein hiver, cette petite famille attirait particulièrement l'attention. Et pourquoi ? En général, en cette période, tout le monde nage de la même manière. Or cette famille pratiquait la nage du chien ! Au milieu des autres nageurs pratiquant le crawl, la brasse ou même le papillon, ils étaient certes risibles mais en même temps ressortaient du lot. Certains les suivaient d'un regard mécontent mais ils ne s'en rendaient même pas compte. Nous étions tous intrigués par leur façon de nager, mais eux ne se préoccupaient de personne et se contentaient de jouir d'un moment agréable en famille, à la piscine. L'enfant et sa maman poussaient de temps en temps de grands éclats de rire, inexplicables pour nous.

Sans savoir pourquoi, alors que je les regardais froidement, je me suis dit qu'ils étaient les seules personnes heureuses dans cette piscine. Soudain, j'ai eu l'impression que faire des longueurs en nage classique était à la fois sans intérêt et épuisant. Mon cerveau s'est rappelé subitement que petit, je m'ébattais comme un chien dans les douves au pied des remparts de ma ville natale. Et si je nageais ainsi à nouveau ? Je me suis mis alors à imiter cette famille en agitant les bras dans l'eau. Etrangement, au bout de quelques mouvements, je me suis senti tout honteux, comme lorsqu'on fait pipi devant tout le monde. J'ai arrêté net ma nage du chien et repris une nage conventionnelle. Gardant un œil sur cette famille et leur joyeuse façon de nager, j'en suis venu à me dire que ma nage à moi était non seulement ennuyeuse mais avait tout des mouvements mornes et irritants d'un robot.

Depuis ce jour, il me semble que cette habitude de nager pose un problème insoluble. Pourquoi ne pouvais-je pas m'adonner au plaisir de la nage du chien dans le bassin de la piscine ? Pourquoi me fallait-il apprendre des nages régulières ? Pourquoi, une fois ces nages régulières maîtrisées, trouvais-je qu'il y avait une grande différence entre nager et s'amuser dans l'eau ? Pourquoi avait-on établi cette différence ? Sans doute étais-je tombé, comme beaucoup d'autres, dans le piège d'une opinion générale qui voudrait qu'on coure après la science et la technique, au prix de notre nature profonde et de notre plaisir. Il nous faut pourtant trouver un juste équilibre.

Peut-être étais-je face à un problème complexe, ou au contraire facile à résoudre. Certains diront : « Si nager ne t'apporte plus aucun plaisir, alors arrête. » C'est ce que j'ai pensé, mais le problème, c'est qu'il me faut pratiquer une activité physique. D'autres rétorqueront alors : « Puisque tu tiens absolument à faire du sport, n'exige pas, en plus, que ce soit un plaisir. Tu veux l'ours *et* le saumon qu'il pêche. Ce serait trop beau pour être vrai ! »

Tout le problème est là : l'humanité a atteint un tel stade de développement qu'on ne peut plus avoir l'ours *et* le saumon. Mais réfléchissez un instant : qu'est-ce qui empêche de se régaler des deux à la fois ?

LE DISSIPATEUR

Les abords des déserts ne sont pas faits pour que l'homme y habite. Pourtant, il existe des gens qui, depuis des générations, côtoient les vents de sable et se refusent à quitter leur terre natale pour d'autres contrées lointaines, persuadés qu'à force de travail et de volonté ils parviendront à maîtriser ces vents. Une année, j'ai vu à la télévision l'histoire authentique d'un vieil homme de Mongolie Intérieure qui avait consacré toute son énergie à planter des arbres pour dompter le désert. On voyait les rangées d'arbres dressés en haut des collines de sable, au soleil couchant, et l'ombre du vieil homme légèrement bossu, abîmé par un labeur excessif. Une scène aussi émouvante que désolante. Je me souviens avec précision de ce sujet télévisé, et j'entends encore le commentateur annoncer d'une voix réconfortante : « Aujourd'hui, dans le village de X (le village du vieil homme), les arbres cachent le ciel et on ne redoute plus l'attaque des vents de sable. »

Contre toute attente, deux ans plus tard, comme j'allumais la télévision, je suis tombé sur un reportage concernant une affaire de forêt dévastée. Le lieu, les personnes, l'histoire m'ont tout à coup fait penser au vieil homme. Le journaliste interviewait le chef du fameux village de X et lui demandait pourquoi il avait décimé les arbres. Ce dernier répondait tranquillement : « Notre village est pauvre, la vente de bois, ça rapporte. » Puis une voix off expliquait que le chef du village s'était servi de la plus belle pièce de bois d'œuvre pour fabriquer à son fils, jeune marié, les meubles de sa chambre nuptiale. Sur le moment, je n'en revenais pas, je ressassais dans ma tête : « Mais le vieil homme alors ? Pourquoi ne voit-on pas le vieil homme qui a planté les arbres ? Qu'il apparaisse et s'exprime ! » Enfin, il est apparu, dans un état physique déplorable. Sur l'écran de la télévision, on le voyait marcher clopin-clopant, caresser les arbres dont ne restait plus que le tuteur, sans piper mot. Le journaliste aguerri a braqué alors sa caméra sur le visage et les larmes du vieil homme : elles parlaient à sa place.

De mon côté, j'ai perdu mon calme ; comment se contenter de ces larmes ? Ne serait-ce que pour moi, il fallait quand même que le vieil homme dise deux mots au chef du village.

J'ai failli hurler devant mon écran : « Gifle-le, gifle-le, ce profiteur ! » Mais la télé reste la télé : s'appuyant systématiquement sur des larmes, elle filme jusqu'au moment où elle nous fait réfléchir, puis s'arrête net.

Or moi je ne veux pas réfléchir à des histoires où tout est déjà couru d'avance. Si je garde encore rancune à ce programme télé, c'est parce qu'il n'a pas pris la peine de filmer la colère d'un homme. J'ai toujours pensé qu'étrangement, tout le monde donnait raison à ce chef de village. Depuis les temps anciens, les profiteurs se succèdent, et le plus détestable c'est qu'ils gaspillent le bien d'autrui et les biens publics. Certes, qui dit entrepreneur dit forcément dissipateur, et il semble que ce vieil homme ait planté des arbres toute sa vie dans l'attente que le fils du chef du village grandisse et se marie, et que donc on utilise ses arbres pour fabriquer des meubles. Voilà quasiment le destin et l'aboutissement de toute entreprise. J'en veux à ce vieil homme car, même s'il n'était pas au courant, il a bien vu ce qui se passait mais il s'est contenté de caresser les arbres et de pleurer ! Je ne comprendrai jamais vraiment cette histoire. Je ne suis pas d'accord pour qu'on exprime sa colère avec des larmes : c'est inutile ! A sa place, je me serais jeté sur le chef du village et je lui aurais flanqué une flopée de gifles. Et s'il faut absolument faire réfléchir le monde sur un sujet, alors, que ce soit sur cette flopée de gifles !

POURQUOI ÊTES-VOUS DÉÇUS DE MOI ?

Je tombai un jour, lors d'une foire du livre, sur un lecteur bien particulier. Il se tenait dans la file d'attente pour les dédicaces sans rien dans les mains. Lorsqu'il arriva devant moi, il me transperça du regard, si bien que j'en ressentis une inquiétude étrange, puis je l'entendis me dire : « Vous ne devriez pas vous montrer comme ça pour signer vos livres. Je suis un de vos fervents lecteurs, mais là, en vous voyant, je suis vraiment déçu. »

Je n'ai jamais oublié cet homme et son épouvantable franchise qui m'a sidéré et donné l'envie brûlante de trouver illico un miroir pour m'y regarder. Qu'est-ce qui avait bien pu motiver sa déception ? Depuis notre rencontre, je n'ai de cesse de chercher la réponse.

Il m'est impossible d'être confronté à la déception de mes lecteurs. Je les aime, c'est pourquoi j'ai été encore plus déçu que lui ce jour-là, dans cette ville de province, déçu par moi-même. J'ignore quelle impression j'ai donnée à ce lecteur : est-ce mon air fatigué ou mon sourire figé qui l'ont déçu ? Ou bien encore mon allure, ou la réputation imméritée de mes ouvrages qui ont provoqué en lui le sentiment d'être floué ? Il n'a rien expliqué ! Au fond de moi, je me suis senti coupable. Depuis cet épisode, j'appréhende les événements publics, type dédicaces ou ventes de livres, sans pouvoir pour autant les esquiver.

Il n'est certes jamais trop tard pour corriger ses erreurs, mais il est difficile de ne commettre aucune négligence. Et je ne suis malheureusement pas de nature à vivre retiré du monde. Il y a peu de temps, je me suis rendu à Taiwan avec d'autres écrivains. Le premier jour de notre arrivée, nous avons suivi quelques bons amis dans une maison de thé. Nous avions à peine échangé quelques mots qu'une femme taiwanaise m'a dit, en toute bonne foi, qu'elle était très déçue par un des écrivains qui étaient venus avec nous : « Je ne m'attendais pas à ce qu'il soit aussi taciturne, on dirait un vieux ! » Sans savoir comment, un sentiment de culpabilité me saisit une nouvelle fois et je me dis qu'assurément sa déception valait aussi pour moi. Mais bon sang, que se passait-il ? Pourquoi, une fois en face d'un écrivain, le lecteur était-il aussi facilement déçu ? J'eus la preuve tangible que ces propos me concernaient aussi, et que donc ce n'était pas un excès de susceptibilité de ma part : un ami journaliste qui était resté avec nous pendant ces quelques jours m'annonça, au moment de quitter Taiwan, du même ton sincère : « Je tiens à te dire que tu nous as beaucoup déçus ! »

Là, je me mis brusquement en colère. Je rejetai ce sentiment d'être un minable qui déçoit les autres et pris soudain conscience de mon innocence face à leur désillusion. Après tout, je n'étais en rien responsable de ce qu'ils ressentaient. Leurs attentes étaient déçues, mais pourquoi avaient-ils des attentes envers quelqu'un qui leur était étranger et qu'ils n'avaient jamais rencontré ? Imaginons que je sois un poirier et que la personne en face me prenne pour un pêcher. Je ne vais pas me le reprocher. Imaginons encore qu'elle préfère les pêchers. En tant que poirier, je ne peux qu'user de diplomatie en disant à cette âme déçue : « Toutes mes excuses, vous avez mal vu. Je ne suis pas un pêcher mais un poirier. »

J'ignore si ce genre d'expérience est propre aux relations humaines, mais il me semble que le contact entre les hommes n'a pas à être menaçant ou effrayant. Personne n'est responsable des fantasmes des autres. Heureux celui qui arrive à être apprécié de tous, et malheur à celui qui n'y parvient pas. Mais on ne doit pas respirer, manger, parler ou même bâiller en tenant compte des autres. On doit vivre sa vie en s'écoutant, même si on est conscient de ses imperfections.

Ma nature est telle que j'esquisse toujours un sourire embarrassé face aux regards déçus. Pourtant, je voudrais inciter les plus jeunes et les plus courageux d'entre vous à répondre à la personne qui exprimera sa déception à leur égard : « Ta déception, elle aussi, me déçoit. »

LECTURES

Il y a bien longtemps, je lisais tout et n'importe quoi, choisissant un livre parce qu'il avait eu du succès ou parce que son titre bien trouvé me plaisait. Je l'empruntais puis le posais à côté de mon lit, prêt à être lu le soir même. J'ai parcouru ainsi de nombreuses œuvres littéraires majeures, et parfois de troisième ou de quatrième catégorie, parfois même inconnues. Il y eut aussi des circonstances exceptionnelles où il me fut impossible de plonger complètement dans des œuvres de renom. Comme par exemple le monumental *Moby Dick* de Melville. Presque tous les auteurs occidentaux ont la plus grande estime pour cet ouvrage, qui est incontournable si on doit étudier l'auteur. Je dévorai le livre deux mois durant, mais le trouvant au final d'un intérêt mineur, je m'arrêtai en cours de route et, fâché, le ramenai à la bibliothèque. Cet épisode remonte à des années en arrière. Je n'ai jamais repris la lecture de *Moby Dick* depuis, et j'ignore si cela me plairait aujourd'hui. Toutefois, je ne me permettrai jamais de nier la grande valeur du livre et de son auteur.

Il arrivait, plusieurs fois par an, que des lectures me réjouissent.

Une de celles qui me laissa la plus forte impression fut *L'Attrape-cœurs* de Salinger. A l'époque, je suivais des cours à l'Ecole normale de Pékin. Un bon ami me recommanda ce livre et me le prêta. Je le finis en une journée à peine et je me souviens que, arrivé à la dernière page, il ne restait plus personne autour de moi dans la salle de classe. Un employé de l'école passa dans le couloir, éteignant les lumières une à une. Je sortis de la salle, le cœur étreint par une sombre tristesse. Imaginant le voyage de ce jeune garçon américain à la ville, je me créai une petite sœur comme la môme Phoebé, avec qui je pourrais plaisanter et à qui je pourrais confier mes soucis.

Durant cette période, Salinger fut mon auteur fétiche. Je lus tous les livres de lui que je pouvais trouver. Impossible d'expliquer cette violente passion pour lui. Son sens de la langue, dont la liberté et la légèreté respiraient la jeunesse, m'influença profondément. Aussi *L'Attrape-cœurs* devint-il mon modèle en matière d'ouvrage littéraire majeur, loin des références académiques. Son influence sur moi fut bien différente de celle d'un autre ouvrage que je lisais à la même époque : *Le Don paisible*. Alors que mon cœur et mon esprit vibraient à la lecture du roman de Salinger, ils restaient indifférents à l'œuvre classique de Cholokhov.

Aujourd'hui encore je ne peux me défaire de l'influence de Salinger. Dans certaines de mes nouvelles, on reconnaît la douceur et la fluidité de son style et de sa langue. Le monde littéraire vit une période de renversement et de destruction de ses idoles. On voit en Salinger, et cela me chagrine beaucoup, un petit auteur de seconde catégorie, sur lequel on n'aurait pas dû s'attarder. J'espère ne jamais le voir méprisé car je suis attaché à ce qu'il m'a offert : mon tout premier rayon de soleil. C'est une question de bon sens. Aucun homme ne doit déchirer en menus morceaux les précieux billets dont il a tant eu besoin. Moi du moins, je ne le ferai pas.

Passons maintenant à Borges. Ce devait être en 1984. En cherchant dans la boîte des nouveaux livres de la bibliothèque de mon université, je tombai sur la fiche d'un ouvrage où son nom apparaissait. J'empruntai un recueil de récits et me perdis dans le labyrinthe et le piège borgésiens d'une pensée romanesque singulière, proche de la géométrie solide, d'un langage narratif simple et élégant, à la grâce artistique illimitée, abyssale. Honnêtement, j'étais incapable de comprendre Borges, mais je le sentais avec mes sens. Et c'est ce qui me fascinait. Je n'oublierai jamais le choc qu'il provoqua en moi. Quelques années plus tard, je reçus au bureau de la rédaction où je travaillais un texte en prose d'un poète du Sichuan que je ne connaissais pas, un dénommé Kai Yu. Le titre en était *La Lumière de Borges*. Il y racontait l'histoire d'un fan de l'auteur argentin qui achetait et envoyait ses livres à des amis, et décrivait la tristesse que la mort de l'auteur avait pu causer en eux tous. J'ai adoré ce texte qui s'était chargé d'exprimer à ma place mon immense affection pour l'auteur. Bien que je ne sois pas parvenu à faire publier ce texte, je crois, comme Kai Yu, à la lumière que Borges nous a apportée. Lumière qui a illuminé une littérature plongée dans l'obscurité et qui ne s'était jamais épanouie. Elle a inspiré de jeunes écrivains, le cœur battant à l'unisson, et leur a permis de révéler au grand jour leur talent.

Lire est une chose merveilleuse. La lecture excite systématiquement en nous une zone d'exaltation, et il en découle de la joie. La sensation de plonger dans une œuvre nous ravit et il arrive souvent que, passionné par un livre, on mémorise des détails insignifiants, des noms de personnes ou de lieux difficiles à prononcer, une scène de dialogue entre des personnages. On se souvient parfois même du nom des plantes et des fleurs décrites dans le livre, de la couleur de la jupe d'une jeune fille, du décor d'une pièce, de son odeur.

Il y a deux ans, j'ai lu *Petit déjeuner chez Tiffany* de Truman Capote. Je revois encore le moment où Miss Holly, ayant oublié ses clés, appuie à l'aveuglette sur la sonnette de ses voisins. Je me souviens de son accent de la campagne et d'un panier carré en rotin.

Un été de chaleur terrible, glissé sous une moustiquaire, j'ai lu *Herzog*. Je revois Herzog épiant l'amant de sa femme, un estropié, en train de donner le bain à sa petite fille chérie. L'amant avait des gestes doux et le regard affectueux. Herzog en eut le cœur brisé. Dans un autre livre de Saul Bellow, *Le Don de Humboldt*, je découvris l'existence de matelas carrés et appris de nombreux mots grossiers, typiquement américains.

La Ballade du café triste de Carson McCullers, je l'ai lue à deux reprises. D'abord au lycée, en tapant, pour la première fois de ma vie, dans mon argent de poche pour m'offrir un ouvrage de prix : le *Recueil de nouvelles contemporaines américaines*, paru aux Editions de Traduction de Shanghai. Avec ce livre, je m'initiai à la littérature américaine et parcourus pour la première fois *La Ballade du café triste*. A l'époque, les personnages de cette nouvelle me semblèrent bien étranges et je ne perçai pas leur mystère. Lorsque plus tard je repris cette lecture, il me fallut dire : « Vous vous demandez ce qu'on appelle un personnage, une atmosphère, un détail, une intention… Lisez donc *La Ballade du café triste* et vous le saurez. »

La lecture est décidément une chose merveilleuse.

MIROIR ET AUTOBIOGRAPHIE

Celui qui écrit son autobiographie dresse devant lui un miroir. Il dépeint avec exigence cette personne dans le miroir, ses manières de faire, ses habitudes. Ce faisant, il crée chez son lecteur une multitude d'impressions, tantôt claires, tantôt floues, à son égard.

Nous accordons toujours notre confiance à celui qui s'expose et se décrit, persuadés que la forme autobiographique apporte une garantie au témoignage. Nous croyons que le miroir de l'autobiographie nous renverra avec exactitude l'image et le regard de celui qui s'y réfléchit. Mais notre attente de lecteur est clairement naïve et néfaste. Récemment j'ai lu l'autobiographie du chef de file du Nouveau Roman français – *Le Miroir qui revient* d'Alain Robbe-Grillet – et ce sentiment n'en a été que renforcé. En refermant le livre, me sont apparus l'image de la mère de l'auteur et différents visages sans lien avec l'ouvrage. Le regard de Robbe-Grillet m'est apparu aussi, il fixait attentivement celui, dédaigneux et sarcastique, d'un autre grand nom de la culture française : Roland Barthes.

Une épouse qui reproche sans cesse à son mari sa fragilité nerveuse, une mère qui entrave le désir d'enfant de son fils, une femme de la moyenne bourgeoisie à deux doigts de tuer son mari avec un couteau parce qu'il n'arrive pas à allumer des bougies à temps… pour moi, ce personnage fascinant a fait voler en éclats cette vieille impression qu'un auteur n'accorde pas d'importance à l'image produite par ses personnages. Sous la plume de Robbe-Grillet, cette mère est tellement nette, tellement entière. Mais revenons à ce qu'il écrit sur Roland Barthes : « Roland Barthes [...] semblait, dans la dernière période de son existence, hanté par l'idée qu'il n'était qu'un imposteur. » Oui, Barthes était un « imposteur », et même un faux « penseur ». Cette attaque implacable et mordante à l'encontre de cet autre grand maître me laissa sans voix.

Je crus en la sincérité de cette autobiographie, mais après l'avoir lue, je me sentis un peu perdu, non parce que je doutais de l'honnêteté de l'auteur, ce qui d'ailleurs n'a pas grand intérêt, mais parce que dans le miroir de cette autobiographie, du regard de Robbe-Grillet perçait la désapprobation. Or je souhaitais plus que cela : une franche analyse du monde, des gens, de lui-même. Mais ce regard se contentait de propos évasifs et glissait à la surface des choses. La description de la vie des ouvriers allemands, après la dernière guerre, était le seul passage où l'écriture était appliquée et paisible.

Sans savoir comment, un autre écrivain français m'est venu à l'esprit : Rousseau et ses *Confessions*. A l'époque, j'avais été profondément touché par la manière dont cette âme s'exposait et se fustigeait. Un jour, j'ai lu un article au sujet de cette œuvre, dans lequel on affirmait qu'en fait le Rousseau décrit n'était aucunement le Rousseau de la vie réelle. Je suis devenu plus vigilant, depuis que j'ai appris que l'autobiographie n'est qu'un miroir aux trois quarts oxydé. Il nous faut apprendre à caresser avec prudence l'image de celui qui est dans le miroir. Robbe-Grillet a raison lorsqu'il dit : « Je ne suis pas homme de vérité [...], mais non plus de mensonge. » Il révélait sans doute ainsi le secret de l'autobiographie.

PASSION POUR LA FICTION

J'ai souvent eu l'occasion de rencontrer mes lecteurs, et ils m'ont souvent fait part de remarques intéressantes. La plupart portaient sur un détail ou un personnage de mes romans. Ces moments-là me rendent toujours admiratif du fonctionnement mystérieux de l'écriture : sans que je puisse le prévoir, elle pénètre dans la vie de tous ces inconnus et crée un lien direct entre leur imagination, leurs souvenirs et moi-même. J'en éprouve une joie indéniable.

Mais il arrive aussi qu'une question sans malice me plonge dans l'embarras. La plupart du temps, elle se pose en ces termes : « Vous n'avez jamais fait l'expérience de telle ou telle vie, que vous décrivez dans tel ou tel roman. Alors comment avez-vous fait pour écrire sur ce sujet ? » Je ne parviens jamais à répondre à cette question de façon concise et précise. Face à quelqu'un de proche, je réponds que c'est « pure invention ». Si je tombe sur un inconnu, je choisis un terme plus raffiné, celui de « fiction ».

Le mot « fiction » ne peut venir à bout de la suspicion des lecteurs qui, évidemment, ne se satisferont pas de cette réponse trop simple, donnée à la va-vite. Le problème est que je ne pense pas m'exprimer à tort et à travers en leur répondant ainsi. Je pense même énoncer une vérité. Le problème est aussi que ce que nous entendons généralement par « fiction » ne recouvre en rien toute l'étendue de son sens.

Tout roman repose sur un monde subjectif, et prend en même temps racine dans la vie réelle. Or les branches et les feuilles qu'il fait pousser doivent dépasser le monde subjectif de son auteur et ce qu'il peut voir et entendre de la vie réelle. Un roman doit être plus riche et plus varié que la somme du subjectif et du réel. Sur quelles forces peut s'appuyer un écrivain pour développer pareil pouvoir ? Nous plaçons bien sûr tous nos espoirs dans son esprit d'exception et la profondeur de sa réflexion. Mais ce genre d'espoir est aussi rationnel que vague, et on peut tout aussi bien l'utiliser à l'égard des hommes politiques, des musiciens, des peintres, voire d'un acteur exceptionnel. Alors que pour un écrivain, travailler sur la fiction est la clé de voûte de son existence : la fiction devient l'outil indispensable pour appréhender le monde.

La fiction n'est pas seulement illusion, elle est surtout certitude, une certitude qui transcende les limites de notre conception du monde. Par sa force, la fiction agit comme un filtre sur l'eau contenue dans le verre de la réalité pour en faire un verre d'eau pure. Ce verre d'eau purifiée, l'auteur le tient en main, et dans une certaine mesure, il en fait un élixir magique, qui prolonge indéfiniment la vie de son écriture. La fiction n'est pas seulement art d'écrire, elle est plus encore passion. Cette passion provoque chez l'écrivain une curiosité insatiable du monde et des êtres, sur lesquels il prend des notes en suivant sa propre méthode. Dès lors, la passion distingue la production d'un écrivain de l'histoire consignée par les historiens, de l'actualité sociale décrite dans les journaux, ou de ce qu'on entend dans la rue. Elle rend son écriture singulière, en la différenciant aussi de celle d'autres écrivains et d'autres œuvres de la même époque.

Au moment même où la fiction devient un art d'écrire, elle devient le sang de la vie. Elle apporte un nouveau point de départ à la réflexion limitée de chacun, et un champ plus vaste encore à nos horizons étriqués. Grâce à la fiction, l'histoire qu'on nous raconte devient aussi notre propre histoire.

On discute actuellement du fait que l'époque de Borges, de Márquez et de Calvino ait vu rayonner la puissance de la fiction dans le même temps où, le plus souvent, on la dédaignait. Kafka, en synthétisant, avec la plus grande justesse, la condition des hommes et leur aliénation, nous a enthousiasmés. Faulkner nous a secoués avec sa description de la vie des habitants d'un lieu grand comme un mouchoir de poche. Nous admirons ces immenses écrivains et nous les laissons nous emporter, en oubliant que c'est leur force créatrice qui le permet. Nous pénétrons donc dans un univers de fiction, où tout se situe à mi-chemin entre invention et simulation. Tout y est réel, tout y est imaginaire. Le pays où naissent les hommes et celui où ils terminent leur route baignent dans les lueurs de l'aube, tout aussi réels qu'imaginaires. Voilà comment nous nous laissons emporter, tout simplement. En l'espace d'un instant, les mots tracés par un écrivain seul dans son coin s'imposent dans l'existence de chacun de nous. A travers l'écriture, le monde mental de l'écrivain, pourtant seul face à lui-même, parvient à envelopper l'âme de milliers d'entre nous. C'est toute la magie de la fiction, et finalement, du roman.

J'imagine qu'à chaque époque, de nombreux auteurs se posent les mêmes questions épineuses : quel monde devons-nous décrire au lecteur ? Comment traiter de la même façon la sagesse et la logique, le repentir et la mise en garde, la connaissance intuitive et l'innocence, l'idéal et la morale ? Comment faire en sorte que, chaque jour, notre monde ne fasse qu'un avec la lumière du soleil et de la lune ? Voilà une tâche bien difficile, mais nous, écrivains, n'avons pas d'autre choix.

LE VIEUX GOURMAND

C'était un homme qui a priori avait atteint l'âge où l'on jouit d'une grande vertu et d'un grand prestige. Sa chevelure était blanche comme la neige de décembre, on n'y apercevait pas le moindre cheveu noir. Etrangement, il avait une excellente mine et sa peau paraissait jeune, plus rosée et douce encore que celle d'un nouveau-né. On ne lisait aucun trouble dans ses yeux. A la différence des yeux de nombreuses personnes âgées, les siens ne coulaient pas, ne perdaient par leurs cils et n'étaient pas encombrés par un excès d'humeurs. Même après avoir vu défiler soixante-dix ans de dures épreuves, ils avaient encore la clarté de l'eau, tels ceux d'un enfant qui ne connaît pas encore le monde. Comment cela se faisait-il ? Existait-il un élixir miracle ? Les vieux disaient qu'il y en avait un : manger, oui, manger, cela lui était venu en mangeant !

Mais tout le monde n'était pas aussi respectueux à l'égard de ce vieil homme. Dans la rue, les plus jeunes et les moins jeunes l'appelaient

« Petit Trésor », ce qui sonnait clairement comme un nom d'enfant. On n'avait jamais entendu un vieux se faire appeler « Petit Trésor » par tous les gamins de la rue. Pourtant, c'était bien à lui que s'adressaient ces propos déplacés. A ce moment-là, ses petits-enfants apprenaient tout juste à parler et s'adressaient à leur grand-père en babillant : « Petit – Tré – sor, câ – lin. »

Prendre ses petits-enfants dans les bras n'était pas ce qui intéressait le plus Petit Trésor. Ce qui l'intéressait, c'était manger. Debout devant sa porte, il discutait principalement avec les autres de nourriture, critiquant le porc congelé vendu à la boucherie, soit parce que la peau était trop épaisse, soit parce qu'il n'y avait pas de peau. C'était toujours infect à ses yeux. La viande en filaments, peu importe comment on la cuisinait, semblait passée, et cuite à l'étouffée pour un ragoût, elle n'embaumait jamais. On lui répondait : « Que veux-tu, ça devient tellement difficile d'avoir de la viande de porc. En avoir de la congelée, c'est déjà pas mal. » Petit Trésor restait là, à secouer la tête de façon mystérieuse, et rétorquait avec un sourire : « Il y a un endroit où on vend du porc frais de ferme. C'est juste que vous n'êtes pas au courant. » Naturellement, on cherchait à en savoir plus sur cet endroit. Alors, notre vieil homme préférait couper les autres dans leur élan. On voulait obtenir de lui des informations mais il n'en lâchait aucune et détournait la conversation en parlant de pousses de bambou : « Là-bas au port, il y a un bateau qui arrive de Yixing, on y vend des pousses de bambou très tendres. Ce doit être pas mal, mijoté avec du porc salé. »

Il y avait finalement de bonnes raisons pour que cet homme, qui normalement devait jouir d'une grande vertu et d'un grand prestige, se fasse appeler Petit Trésor. C'est maintenant clair pour tout le monde…

Sa femme était une vieille dame qui tenait sa maison avec soin et économie. Bien que les habitudes de son mari n'aient pas déteint sur elle, elle aimait tout particulièrement fouiller du regard le panier de courses de ses voisines et dire aux autres ce qu'il convenait ou non de manger. Pourtant, elle s'intéressait moyennement à la nourriture. Elle avait toujours désapprouvé la manière de manger de son mari : ce n'était pas à la bonne chère qu'elle s'opposait, mais au fait qu'il dépensait pour se nourrir de l'argent qui aurait pu être épargné. Tout le monde savait que Petit Trésor disposait de ressources confortables, mais il avait cinq fils, dont trois pas encore mariés. Si on faisait le calcul, combien allait-il falloir dépenser ?

« Si tu mangeais moins, ce serait déjà ça d'économisé. Notre quatrième et notre cinquième vont se marier l'année prochaine ! Vieux comme tu es, comment peux-tu te montrer aussi déraisonnable ? » La vieille femme sermonnait souvent son mari comme un enfant. Un souffle de perplexité balayait le regard limpide de Petit Trésor puis, réfléchissant très vite, il rétorquait : « Le président Mao l'a dit, il faut *compter sur ses propres forces*. Laisse-les donc compter sur leurs propres forces. »

Petit Trésor persistait dans ses égarements vis-à-vis de la nourriture. Le matin, il filait au supermarché, prétextant à sa femme qu'il allait au parc pratiquer le taï-chi-chuan. Il se rendait chaque jour à la vieille enseigne de la *Source Céleste* pour son petit-déjeuner. Un voisin tomba sur lui un jour, face à un bouillon de petits raviolis aux filaments de poulet, une boulette farcie de viande et un gâteau carré sucré à la rose. Pris, comme on pouvait s'y attendre, d'un léger vent de panique, Petit Trésor essuya de la main l'huile autour de sa bouche et recommanda au voisin : « Ne le dis surtout pas à ma femme en rentrant. »

Le voisin garda bien le secret mais malheureusement, un beau jour, sa famille découvrit le peu qui restait en épargne à la banque, et en argent dans le tiroir. La veille de la fête nationale, cette année-là, le quatrième et le cinquième fils de Petit Trésor lui donnèrent chacun une gifle. Tout le monde devine pourquoi. Le visage caché dans ses mains, le vieil homme courut chez ses voisins, des larmes plein les yeux. Les voisins avaient entendu les bruits de dispute chez eux et ne savaient comment s'y prendre pour consoler le vieil homme. Mais finalement on l'entendit se consoler tout seul : « A mon âge, si je ne peux même pas me nourrir de bonnes choses, alors à quoi bon vivre ? »

LES PALUDINES

A l'époque où la belle-sœur de la famille Hong est arrivée dans notre rue, elle était toute maigre. Elle portait deux nattes tressées, guère épaisses elles non plus. On aurait dit qu'elle souffrait de malnutrition. Son mari, Hong San, était quant à lui trapu et robuste. Sa longue carrière de fondeur avait fortement développé sa musculature ; il arborait une taille imposante et un corps vigoureux. Par malchance, il craignait la chaleur, si bien que l'été, il remontait les manches de son tee-shirt jusqu'aux épaules et il fallait toujours qu'il enroule son pantalon jusqu'aux genoux. Un tel physique, si l'on verse dans l'éloge, était resplendissant de santé. Mais nous autres, de la rue des cédrèles parfumés, étions incapables de complimenter cet homme sur son physique si imposant : nous l'appelions « tueur d'enfants ». Comme lui et sa femme étaient jeunes mariés, il fallait bien que les gens de l'usine et de notre rue le taquinent des mêmes plaisanteries déplacées : « Avec ce physique de tueur d'enfants, ne va pas nous l'étouffer ! »

La belle-sœur Hong s'affairait tout le temps devant son fourneau, où l'on entendait ses marmites crépiter. Qu'y avait-il de bon dedans ? Rien, justement : des paludines. Je ne m'attendais pas à ce qu'on puisse autant les aimer. Elle en préparait presque tous les jours, et comme elle se fatiguait la bouche à les manger, elle n'aimait pas parler, pardi !

Manger des paludines n'est pas pratique. Tout le monde en a fait l'expérience : il faut couper la tête du gastéropode pour pouvoir aspirer sans incident sa chair. Mais alors pourquoi ne voyais-je jamais la belle-sœur Hong couper ses paludines ? J'eus la réponse en posant la question : elle les achetait sur le chemin du travail, les coupait au travail, les ramenait le soir et les cuisinait. Une organisation très méthodique. Les voisines observaient la jeune cuisinière, assise bien droite devant sa table. Elle avait un cure-dent à la main, qui ne lui servait pas car elle préférait s'en remettre à son habileté pour aspirer la chair des paludines. Au son des *slurp* et des *tac*, un bol entier se vidait tandis qu'un autre se remplissait de coquilles vides.

Hong San et sa femme vivaient leur mariage dans la discorde. Une nuit, une dispute éclata entre eux. Comme le sujet de cette dispute ne devait pas s'ébruiter, le couple se querella en sourdine. Au bout d'un moment, le problème n'étant toujours pas résolu, cette brute de Hong San en vint aux mains. Ce tueur d'enfants, habitué à déplacer d'immenses lingots, imaginez la puissance de sa main lorsqu'elle s'abattit... Il frappa sa femme à l'en faire hurler, mais les voisins, qui tendaient l'oreille pour entendre cette dernière pleurer et faire du tapage, virent leur attente déçue. Elle tenait à garder la face et ne laissa entendre que ses pleurs, sans lâcher aucune parole propice au scandale.

Le lendemain, tout le monde lut la haine dans les yeux et le cœur de la jeune femme, malgré son mutisme. Elle ne prépara pas le dîner pour son mari et, toute remplie de cette haine profonde et implacable, se cuisina encore plus de paludines. Elle aspirait férocement, *slurp*, et recrachait la coquille de la même manière, *tac* ! Soudain, elle balança son cure-dent et s'arrêta de manger. Les voisines d'à côté, qui restaient perplexes, l'entendirent prononcer : « Pourquoi devrais-je me contenter de ces paludines ? Il faut que je me nourrisse de bonnes choses : des crevettes, des crabes, du canard. Il n'y a qu'un moyen pour calmer ma colère : dépenser tous les sous de mon mari dans mes repas. »

La belle-sœur Hong ne reculait devant rien, et ça, personne ne s'en doutait. Par la suite, chaque fois qu'une dispute éclatait entre eux, le lendemain on était sûr qu'elle se préparerait un festin.

Bien entendu, on ne fait pas toujours exactement ce qu'on dit : elle ne mangeait pas systématiquement des choses trop coûteuses, d'autant que financièrement Hong San était limité. Quel appétit étrange que celui de cette femme, si maigre et si petite ! Comment pouvait-elle avaler autant de canard à la sauce de soja, de crevettes frites et de poulet froid émincé ? Tout comme sa ruse pour se venger de son mari, son appétit et son caractère restaient un mystère pour tous.

Hong San n'avait plus de quoi se nourrir. Qu'est-ce qui le poussait à battre sa femme en permanence, malgré tout ? Une fois son propre repas terminé, sa femme plaçait les restes dans le garde-manger, qu'elle fermait à clef. S'il voulait manger, il devait faire sauter le cadenas. Mais, soucieux de garder la face, il savait qu'il valait mieux s'en abstenir, sous peine d'être la risée de ses voisins. Et c'est ainsi que régulièrement il se rendait dans un petit restaurant pour avaler, en guise de dîner, un bol de nouilles sans assaisonnement.

Avec le temps, Hong San ne paraissait pas aminci pour autant. Ce qui prouve toute la valeur nutritive des nouilles sans assaisonnement. Sa femme, elle, grossissait à vue d'œil. Tout le monde dans la rue le voyait bien. Son visage ovale d'antan était à présent rond comme une citrouille et arborait un double menton. Il y en avait toujours quelques-uns pour plaisanter sur Hong San : « Les voilà bien assortis, nos deux époux, à présent. Qui a encore peur de l'autre ? Un coup, le vent d'est triomphe du vent d'ouest, un coup, le vent d'ouest triomphe du vent d'est ! »

LES TÊTES DE POISSONS

A l'arrivée des festivités du Nouvel An, Ju Desheng et sa femme commençaient à s'affairer, surtout quand le soir approchait. On les voyait souvent raccompagner leurs invités à la porte, c'était tantôt elle et tantôt lui. Parfois, lorsque les invités étaient des personnes importantes, les deux époux les raccompagnaient ensemble. Bien que Ju Desheng ne fût qu'un cadre technique, il avait fière allure ; une main plantée sur la hanche, son ventre de général en avant, il agitait l'autre main avec la désinvolture du président Mao. Sa femme savait comment s'y prendre avec ses invités et leur adressait chaleureusement un : « Venez manger pour le Nouvel An, sans faute ! »

Comment aurait-elle pu ne pas être chaleureuse ? Les invités, selon l'usage, n'étaient pas venus les mains vides. Ils avaient apporté, pour la plupart, du poisson : des carpes, noires et herbivores, et des régalecs, tout juste pêchés dans l'étang et encore tout frétillants pour certains. Voilà pourquoi, une fois leurs invités partis, Ju

Desheng et sa femme commençaient à s'activer. On leur en avait trop offert et leur maison avait des vrais airs de poissonnerie. Ils préféraient recevoir des régalecs, qui pouvaient rester dans l'eau bien des jours sans être nourris. Les autres poissons étaient plus encombrants. Les époux n'avaient pas d'autre choix que de s'y mettre tous les deux : l'un écaillait les poissons, l'autre les vidait. Puis, sans tarder, chaque poisson était accroché à une corde. Une fois séchés par le vent, on pourrait les saler. Et quand ils seraient salés, alors il n'y aurait plus rien à craindre, on pourrait en manger à tout moment.

Toutes les jarres et tous les pots avaient été mis à contribution, mais il en fallait encore. La femme de Ju Desheng se rendit chez un voisin pour emprunter une grande jarre afin, dit-elle, de faire sécher de la moutarde. Le voisin tordit la bouche et ricana : « Quelle moutarde ? Vos poissons emboucanent toute la rue. Vous n'avez pas vu tous ces chats courir vers chez vous ? » La femme de Ju Desheng se sentit un peu mal à l'aise mais rétorqua : « Il faut dire que les amis de mon mari sont ridicules, ils pourraient nous offrir autre chose ! Tous ces poissons, rien qu'en les regardant, j'en ai la nausée. » Le voisin répondit : « Ça vous dégoûte, pas moi. Si vous n'arrivez pas à les finir, moi je peux vous aider. » L'épouse hésita un instant puis demanda : « Vous les mangez, les têtes de poissons ? » Le voisin : « Oui, bien sûr que oui ! Si vous ne les mangez pas, donnez-les-moi toutes, j'adore ça ! »

Et comme il faut veiller aux bonnes relations avec le voisinage, les époux Ju offrirent leurs têtes de poissons au voisin, qu'on appelait le vieux Wang. La famille du vieux Wang grouillait d'enfants et les aïeux, venus de la campagne, étaient encore en vie. Elle était plutôt pauvre : tandis qu'au moment des fêtes du Nouvel An, les autres familles ramenaient chez elles plein de bonnes choses à manger et à boire, eux se contentaient de préparer une tête de porc et quelques trichiures congelées. Il revint au vieux Wang d'améliorer le repas de fête grâce aux têtes de poissons offertes. C'était un homme intelligent et un cuisinier autodidacte. Il mit les têtes de carpes noires et herbivores dans une casserole et les prépara à la sauce de soja. Il ajouta quelques piments qui rendirent le plat savoureux. Résultat, les enfants se jetèrent dessus, ingurgitant même les yeux des poissons.

Comme la famille du vieux Wang était pauvre, il n'y avait pas assez à manger. Ce n'était pas comme les familles d'à côté qui préparaient des plats spéciaux et les faisaient goûter aux voisins. Voilà pourquoi, pendant très longtemps, personne ne fut au courant que le vieux Wang savait concocter les têtes de poissons à la sauce de soja.

Même Ju Desheng, qui avait fourni l'ingrédient principal, n'y avait jamais goûté.

On ne peut jamais prévoir les événements de ce monde. La décennie 1970, où on manquait de tout, fut comme les autres, elle finit par passer. Dans notre rue des cédrèles souffla, au cours des années 1980, un vent de transformation des logements en commerces. La famille du vieux Wang opta pour cette reconversion et ouvrit un restaurant. Sans que l'on sût où elle avait puisé son inspiration, la spécialité de la maison devint la tête de poisson à la sauce de soja. Tous ceux qui avaient dégusté ce plat en faisaient l'éloge : « Qui aurait su que la tête de carpe noire ou de carpe herbivore pouvait être si bonne, cuisinée à la sauce de soja ? Et que, mijotées ensemble, les deux sortes de têtes seraient aussi goûteuses ! »

Plus tard, Ju Desheng et sa femme apprirent le secret des têtes de poissons du vieux Wang. Ils en ressentirent une étrange amertume. Ces dernières années, Ju Desheng avait gagné sa vie tant bien que mal. Comme il avait la critique facile, il dit : « Bon sang ! Ce vieux Wang n'a pas de cœur, il s'enrichit sur le dos de mes têtes de poissons et pas un geste de remerciement. » Apprenant qu'il se faisait insulter par son voisin, le vieux Wang lui fit livrer par un ami une bassine entière de têtes de poissons à la sauce de soja. Pour qu'il se calme. Mais Ju Desheng et sa femme regardèrent les têtes sans pouvoir en avaler une seule. Sa femme se plongea un long moment dans ses pensées puis soupira : « Je n'arrive même pas à me rappeler combien de têtes de poissons nous leur avions donné en tout ! »

LES VIANDES CUISINÉES

Au cours des années 1970 se trouvait dans notre rue un magasin d'Etat où se vendaient différentes viandes cuisinées à la sauce de soja. Deux personnes y travaillaient : la grand-mère de Xiao Tang, prête à prendre une retraite bien méritée, et Gao Feng, dont c'était le tout premier poste. Le jeune homme et la vieille dame étaient comme chien et chat. Il faut dire qu'il se montrait très négligent, particulièrement en ce qui concernait l'hygiène ; par exemple, il sortait pour aller aux toilettes et refusait de se laver les mains en revenant. La grand-mère de Xiao Tang avait beau le pousser à le faire, il chicanait : « Arrête un peu, personne ne sait que je suis allé aux toilettes. A force de crier, regarde, maintenant plus personne ne vient acheter nos produits. Tu t'en prends à moi, mais si tu jacassais moins, aussi… »

A partir du moment où Gao Feng y travailla, les ventes du magasin chutèrent subitement. L'hygiène personnelle du jeune homme était clairement en cause. Planté derrière le comptoir, il passait son temps à se curer le nez. Qui aurait voulu acheter de la viande servie de ses mains ? Aussi, toutes ces têtes et ces langues de porc, ces blancs de poulet végétaient dans leur bassine, sans qu'on les touche ni qu'on leur laisse une chance de déployer leur saveur. Les employés n'y pouvaient rien, il faisait chaud, et on n'était pas équipé de réfrigérateurs comme dans les grands magasins. La grand-mère, au moment de la fermeture, reniflait toutes les viandes et disait : « Tout est avarié. Je vais devoir acheter tout ça et le ramener à la maison. » Bien évidemment, elle se faisait un prix défiant toute concurrence. Gao Feng observait la scène et son cœur regorgeait de colère. « Pourquoi est-ce toujours toi qui en profites ? » se disait-il sans oser ouvrir la bouche ni se disputer avec sa vieille collègue. Les yeux ronds, il la regardait emporter des sacs entiers de viandes cuisinées.

Par la suite, et sans l'avoir vraiment décidé, la vieille et le jeune ne se soucièrent plus du chiffre d'affaires de la boutique. Après tout, c'était un magasin d'Etat, et qu'on vende plus ou moins, le salaire était le même. La grand-mère de Xiao Tang, dans sa jeunesse, avait été une « travailleuse d'avant-garde ». Maintenant qu'elle approchait de la retraite, elle perdait quelque peu de son intégrité morale. Et le peu de profit qu'elle pouvait tirer de l'Etat était toujours ça de pris.

Gao Feng savait ce qu'elle avait dans la tête. Se contenant au début, il finit par ne plus se montrer aussi tolérant et lui dit : « Moi aussi, j'en veux. Laisse-moi la tête de porc, mes amis adorent en manger. » La grand-mère répondit : « Chez nous aussi, Xiao Tang en raffole. » Gao Feng rétorqua avec malveillance : « Il faut que votre Xiao Tang arrête d'en manger autant ; à force il va bientôt ressembler lui aussi à une tête de porc. »

Dès lors, chaque jour, sur les coups des trois-quatre heures, les acolytes malintentionnés de Gao Feng débarquaient. Se fussent-ils contentés d'user de leur bonne relation avec le jeune homme pour acheter à moindre coût la tête de porc qui restait et la ramener chez eux, la vieille dame n'aurait pas pris la mouche. Mais les garnements jouaient avec ce surplus de viande et le pariaient aux cartes ; le perdant devait tout ingurgiter en quelques secondes tandis que les gagnants le chronométraient. Ales voir gaspiller ainsi cette viande livrée par le magasin central, la grand-mère, le cœur meurtri, dit à Gao Feng : « Demain, on ne s'en fera plus livrer par le central. Terminé ! » Gao Feng riposta du tac au tac : « Qu'il ne nous livre plus aucune viande alors, de toute façon, on ne vend rien ! » La vieille dame comprit ce que voulait dire le jeune homme : qu'elle s'en prenne plutôt à sa propre conduite, tout aussi répréhensible, et qu'elle se hâte donc de fermer le magasin avant l'heure pour que les jeunes gens puissent y faire tranquillement leurs bêtises.

Le jeu entre Gao Feng et ses amis avec la tête de porc dura environ un mois. Puis il y eut un incident : Gao Feng perdit aux cartes et, respectant le pari, il fut contraint d'en avaler trois bassines dans un temps imparti. Son ventre, plein à craquer, lui faisait mal, rien de plus normal lorsqu'on se remplit la panse avec autant de viande. Gao Feng continua de jouer au poker avec ses amis sans imaginer que, quelques instants après, il serait pris de coliques violentes qui le feraient courir plusieurs fois de suite aux toilettes. Réalisant que quelque chose ne tournait pas rond avec la viande ingurgitée, il n'eut plus d'autre choix que de fermer le magasin et de s'enfermer aux toilettes. C'est ainsi que, par la force des choses, le jeu avec la tête de porc prit fin.

On n'avait pourtant jamais eu de problème avec cette viande livrée par le central. « Comment se fait-il qu'elle m'ait rendu malade, moi ? » Voilà une question qui laissa longtemps Gao Feng perplexe. Un long moment après, alors que la grand-mère de Xiao Tang était déjà partie à la retraite, Gao Feng décida sur un coup de tête de nettoyer le comptoir du magasin. Il trouva une demi-bouteille de savon liquide que la grand-mère avait laissée. En contemplant sa trouvaille, il comprit tout à coup : « Pas étonnant que la vieille ait dit ce jour-là, au moment de partir, tout hargneuse : “Gaspiller ainsi de la viande de porc, ils vont le payer !” Tout bien réfléchi, c’est elle qui m’a fait payer ! » Tout abasourdi, il ne put retenir un : « Cette vieille sorcière ! Qui aurait dit qu’elle pouvait être aussi sournoise ! »

Sournoise, elle avait été forcée de l’être : sans son intervention, Gao Feng et sa bande auraient, de toute évidence, gaspillé une quantité incalculable de viande de tête de porc, propriété de l’Etat !

LA SOIE

Le magasin de soie *Chengji* était le premier en descendant du pont sur la droite. Dans les années 1970, il était aussi, comme d'autres unités de travail similaires, au cœur de la bataille commerciale. Le magasin de soie *Amour du peuple* était plus réputé que lui. Pourtant les dames d'un certain âge, d'habitude peu communicatives, se repassaient l'information quand elles se rencontraient dans la rue : « Ils ont eu un nouvel arrivage de coupons de soie chez *Chengji*. Pas besoin de ticket de rationnement pour s'en procurer. On va jeter un coup d'œil ? »

Ce magasin était un des plus grands de notre rue. Son comptoir à tissus, un vestige du passé, était cerné par trois pans de mur. Un amas de pièces en toile de coton, popeline, nylon, velours côtelé, ou encore viscose, aux couleurs ternes et rustiques, étaient entassées là et regardaient avec dépit les femmes évoluant dans le magasin. A vrai dire, ces femmes ne méritaient qu'on y attarde son regard : elles étaient recouvertes de vêtements bleuâtres, gris ou noirs, loin des exigences d'une toilette féminine. Mais on ne pouvait pas faire de miracles. Sans belles pièces de soie, d'où seraient venus les beaux vêtements ? Les tissus utilisés avaient aussi leur part de responsabilité dans cette histoire.

Le paiement se faisait dans une petite pièce en verre où se tenait la caissière, assise comme sur une tribune de parade. Trois fils de fer, qui partaient du dessus du comptoir, tiraient droit jusqu'à cette pièce. On aurait dit les routes surélevées de nos villes modernes, à la circulation fluide et rapide. Lorsqu'un employé avait fini une transaction avec un client, il coinçait l'argent et le ticket de rationnement dans une épingle. Puis l'épingle, comme un petit avion, montait jusqu'à sa ligne de navigation et *pfuit !* filait jusqu'à la pièce en verre.

Au magasin *Amour du Peuple*, les employés, qu'ils soient hommes ou femmes, peut-être à cause de leur contact permanent avec les étoffes, avaient un tempérament aussi doux et souple que du tissu. Il leur manquait ce qui caractérisait souvent leurs camarades employés dans d'autres commerces : une rage inexplicable et une propension à batailler. En particulier celle qui se faisait appeler par les autres filles « l'épouse du maître Shen ». Elle souriait en voyant arriver quelqu'un, qu'il soit sympathique ou non. Du moment qu'il avait des tickets pour acheter du tissu, écoutait ses conseils et choisissait l'étoffe et la longueur voulues, elle arborait un sourire satisfait. Puis elle s'emparait du rouleau de tissu en chantonnant, le renversait sur le comptoir en verre, le déroulait à peine pour montrer ses motifs et sa texture. Les motifs étaient très classiques et à peine perceptibles, la texture était lâche mais à peu près satisfaisante. C'est peut-être pour cela qu'on ne ressentait pas de déception à ce cérémonial de la vente de tissu, mais plutôt une pointe de regret. Le sourire de l'épouse du maître Shen, qu'on pouvait trouver apaisant, prenait la place des mots pour dire : « Ce n'est certes pas un très bon tissu, mais il est tellement difficile de trouver du coton de bonne qualité comme autrefois, où iriez-vous vous en faire découper ? Allez, accommodez-vous de cette pièce et rentrez tailler votre vêtement dedans. »

L'épouse du maître Shen avait été la patronne du magasin *Chengji*, jusqu'à ce qu'il devienne propriété de l'Etat, dans les années 1950. On ignorait si cela avait été une aubaine ou pas, mais sa carrière de patronne avait pris fin à peine commencée. Ensuite, on l'avait retrouvée à découper le tissu au service du peuple, au magasin *Amour du peuple*. Ses cheveux avaient blanchi. Elle conservait son sourire en servant les clients et tout le monde l'appréciait. Pourtant, des clientes, discutant entre elles, prétendaient qu'elle n'était pas aussi chaleureuse qu'avant et se montrait distraite quand on lui demandait quelque chose. Le plus surprenant était qu'après avoir passé sa vie à découper du tissu, aujourd'hui elle le coupait de travers. On ne s'expliquait pas pourquoi. De nombreuses clientes, une fois ôté le papier entourant le tissu, se rendaient compte que le coupon, contre toute attente, n'était pas droit.

Plus tard, tout le monde sut que l'épouse de maître Shen était atteinte d'une maladie, de type psychologique. Sa fille était capable d'en énoncer le nom bizarre, que personne, malheureusement, ne retint. On se contenta de la plaindre : « Quelqu'un d'aussi bien, comment se fait-il qu'elle ait un problème mental ? Pourquoi cette étrange maladie ne touche-t-elle pas plutôt les mauvaises gens ? » L'épouse du maître Shen quitta le magasin de tissus au bord du pont. Chaque jour elle prenait le soleil, assise devant sa porte, un coussin sur les genoux. De sa place, elle continuait d'adresser son sourire à tout le monde. Mais on se rendait compte tout de suite qu'elle était malade. Elle regardait fixement les vêtements de chaque passant. Sa tête grisonnante s'agitait sans cesse de gauche à droite, comme si elle désapprouvait la tenue : « Moche, moche ! C'est moche ce que tu portes ! »

Le marché du matin se déroulait, puis celui de la mi-journée, et le snack ne désemplissait pas. A l'intérieur, se tenaient deux employées, dont une femme rondelette en charge de la caisse. Elle devait avoir une quarantaine d'années à l'époque. La peau de son visage, tachée de son, était rosée. Assise derrière son comptoir, elle avait l'air en très bonne santé. Une fois le marché du matin dispersé, elle se dégageait de son comptoir et sortait récupérer les bols. Ce n'est qu'à ce moment-là qu'on découvrait son handicap : une jambe avançait normalement tandis que la deuxième traînait derrière. L'autre employé, un jeune homme, était l'unique cuisinier du snack. Agé d'à peine plus de vingt ans, il avait belle allure mais un très lourd problème de bégaiement. Heureusement, c'étaient ses mains qu'il faisait travailler devant un grand fourneau. Lorsqu'on s'avançait jusqu'à lui, de toute façon, ce n'était pas pour causer mais pour récupérer son bol de nouilles, de boulettes farcies à la viande ou de raviolis. Aussi son bégaiement ne gênait-il aucunement les autres.

Ce jeune bègue avait un vrai talent de cuisinier, et réussissait particulièrement son bouillon de raviolis. Sans atteindre la renommée du petit restaurant *Les Raviolis du peuplier vert*, ni pousser le luxe jusqu'à utiliser aussi du bouillon de poulet, il y intégrait volontiers des os revenus au saindoux. Aussi, lorsqu'à quatorze heures commençait le marché de la mi-journée, les hommes, les femmes, les vieux et les enfants de la rue, tous des gourmands, et les jeunes ouvrières de l'usine textile d'à côté, venaient tous déguster sa spécialité. Une fois les fameux raviolis mangés et le bouillon avalé, ils ne se résignaient pas à retirer la cuillère du bol et la faisaient toquer contre les bords, puis ils lançaient : « On reviendra demain pour un autre bol ! »

Il se produisit un phénomène étrange auquel on ne prêta attention que plus tard : chaque fois que les jeunes ouvrières textiles s'engouffraient dans le snack en gloussant, le visage rond de la caissière s'assombrissait sans qu'on sache pourquoi. Elle se montrait très impatiente avec elles, si bien que les jeunes filles, une fois dehors, la critiquaient : « Qu'est-ce qui lui prend ? On dirait qu'on lui a piqué les raviolis dans son assiette. Toujours ce visage renfrogné ! On ne les paie pas, peut-être, les sept centimes ? » Le jeune homme devant les fourneaux, lui, leur faisait une excellente impression. C'était peut-être à cause de son bégaiement, qui l'avait rendu timide et silencieux, qu'il n'engageait pas la conversation avec ces jeunes ouvrières textiles. Pourtant, par le biais de sa grande écumoire, il savait leur manifester son intérêt et sa fraternité, en ajoutant un ou deux raviolis dans leur bol. Aux rares jeunes filles à la fois belles et éloquentes, il servait presque un bol et demi !

Au printemps de cette même année, se répandit tout à coup dans notre rue la nouvelle, volontairement exagérée, d'une affaire de mœurs. Tout le monde désignait le snack du doigt. Ce que personne ne parvenait à croire, c'était que les protagonistes de cette affaire, contre toute attente, étaient un jeune homme et une femme d'un certain âge. La femme, c'était la caissière rondelette du snack. Rien de bien étonnant, car des voisins avaient déjà décrété dans son dos que si elle était handicapée, son désir, lui, ne l'était pas. Au cœur de la nuit, on l'entendait souvent pousser ses cris félins. On disait aussi que son mari était un maigrichon qui avait drôlement mauvaise mine. Ce qu'on n'osait pas croire, c'est que le protagoniste masculin de cette affaire était le jeune homme du snack. Ils s'étaient tous les deux faufilés dans un champ de colza aux abords de la ville, si bien qu'un paysan qui se mêlait de ce qui ne le regardait pas les avait attrapés sur le fait et emmenés au commissariat du coin.

Les faits étaient absolument irréfutables. On fit l'inventaire du snack quelques jours plus tard, et lorsqu'il rouvrit, la foule y afflua pour se restaurer. Notre femme rondelette tenait la caisse derrière son comptoir, comme si de rien n'était. Elle faisait semblant de ne pas voir l'expression réprobatrice qui passait furtivement sur le visage de ses clients. Son fils était là et mangeait des nouilles. Elle se servit de lui pour balancer ses remontrances de façon détournée : « Mange tes nouilles ! A qui envoies-tu ces regards louches ? C'est la tête des clients qui va te remplir l'estomac, peut-être ? » En avançant à l'intérieur du snack, les clients aperçurent un vieux cuisinier chauve occupé devant le grand fourneau ; le beau jeune homme bègue ne travaillait plus là.

Le snack prit le nom de *Snack des masses*, et bien entendu, les masses populaires avaient le droit de continuer de s'y restaurer. Celles qui abandonnèrent ce droit furent les jeunes filles de l'usine textile. A partir du printemps de cette année-là, elles ne vinrent plus jamais au snack manger leur bol de raviolis. Celles qui savaient faire preuve de tact affirmaient qu'elles n'y allaient plus car les raviolis étaient moins bons qu'avant. Une d'entre elles, plus directe, condamnait ouvertement ce qui s'était tramé dans le snack : « Qui a encore envie de manger chez eux, après ça ? Deux porcs qui cuisinent, c'est dégueulasse, c'est répugnant, non ? »

Les jeunes filles, face à cette situation, réagissaient avec l'impulsivité de la jeunesse. Les clients masculins, un peu plus âgés, faisaient montre, eux, d'une plus grande tolérance : « Essayez donc, pour voir, de laisser deux pierres collées l'une contre l'autre, pendant des jours et des jours : un beau matin, elles finissent par rouler ensemble. Dans cette histoire, nos deux protagonistes n'étaient pas des cailloux mais des êtres humains, un homme et une femme de surcroît ! »

LA FERBLANTERIE

Chez nous, réparer les objets faits en aluminium se dit « battre le fer-blanc ». Celui qui le fait est appelé le « ferblantier ». Il parcourt les rues pour gagner sa vie et harangue la foule en frappant dans ses mains : « Marmites et théières abîmées, venez les faire réparer ! » Dès que, dans les maisons, on entend son cri, on se hâte de sortir pour jeter au visage du ferblantier une théière au fond percé ou un wok tout noirci. On met en doute son habileté en proférant, comme pour le menacer et l'effrayer : « J'ai fait remplacer le fond il y a à peine un an, comment se fait-il qu'il soit à nouveau percé ? Si vous ne le réparez pas comme il faut, je vais jeter cette théière et m'en acheter une neuve. Faites ça bien, sinon on ne vous fera plus travailler ! »

Je ne me souviens plus en quelle année sortit de nulle part dans notre rue un commerce de ferblanterie. A l'intérieur d'une pièce longue et étroite, jouxtant la voie, étaient assis cinq hommes d'âge moyen à mûr. Certains portaient des lunettes de presbyte, d'autres avaient étendu sur leurs genoux de la toile de jute. Installés en demi-cercle, ils frappaient le fer: *bing! bang!* Notre rue perdit tout à coup le calme qui avait toujours été le sien. Non seulement le calme ne régnait plus, mais les riverains commençaient à en avoir par-dessus la tête.

En examinant minutieusement l'intérieur, on se rendait compte que les intéressés ne s'étaient pas donné beaucoup de mal pour ouvrir ce commerce. Sur ces cinq hommes, hormis le vieux Sun, clairement expérimenté, les autres étaient tous de pâles imitations de ferblantiers, provoquant la risée générale. Ces hommes assis là étaient en fait tous les « démons » qu'on avait pourchassés dans notre rue.

L'un d'eux se nommait Tang, c'était un vieil homme assez connu par ici. De tous, son histoire était la moins nette et la plus risible. Cet homme au caractère valeureux et bien trempé avait toujours aimé jouer au déserteur. D'abord en tant que soldat du parti nationaliste, ce qui est excusable. Une fois capturé par les communistes et incité à participer à leur révolution, il n'avait pas su apprécier une si belle opportunité et avait pris encore la fuite. A force de déserter à droite à gauche, il avait entaché son dossier. Si bien que l'inclure dans ce groupe de « démons » n'avait rien d'outrancier.

A l'origine, le vieux Tang travaillait à l'usine avec un groupe de femmes, à plier des boîtes en carton. Tel le Jia Baoyu dans le jardin Daguan[1], il était comme un poisson dans l'eau. Et que je pelote celle-ci, et que je palpe les fesses de celle-là, et ce dans la plus grande liberté. Maintenant qu'il se retrouvait balancé dans cette ferblanterie, il rongeait son frein. Les autres « démons » faisaient peau neuve, la queue entre les jambes. Le vieux Tang ne pouvait pas travailler sans enthousiasme. Aussi, imitant le vieux Sun, il s'empara d'un petit marteau et se mit à frapper le fer-blanc de bon cœur. Il frappait le plus fort et le plus assidûment possible, mais, dépourvu de la moindre technique, il s'y prenait n'importe comment. Le fond d'une vieille théière ou d'un vieux wok qu'il avait remplacé tombait à la première caresse de la main. Si bien que les ménagères, qui tenaient leur maison avec soin et économie, fulminaient de colère et, munies de l'objet en question, partaient en expédition punitive à la ferblanterie. Le vieux Tang feignait de n'y rien comprendre et demandait même à ses acolytes : « Qui a réparé ça ? Même avec de la colle à papier, ça aurait mieux tenu ! » Les autres commençaient à voir rouge. Pour venir à bout de la fourberie du vieux Tang, ils signèrent de son nom chaque fond qu'il réparait.

1- Héros du roman classique *Le Rêve dans le Pavillon rouge*, de Cao Xueqin.

La mauvaise réputation du vieil homme à ce nouveau poste continua de se propager. Les enfants qui venaient à la ferblanterie, leur wok et leur théière à la main, ajoutaient souvent une condition : « Maman a dit de ne pas laisser le vieux Tang y toucher ! » Ces attaques, le vieux Tang était bien forcé de les encaisser. Plus tard, ce fut une nouvelle rapportée par le vieux Sun, chef de leur petite équipe, qui le poussa à réaliser des progrès fulgurants dans sa pratique. Un jour où le vieux Sun rentrait d'une réunion, il observa le vieux Tang puis lui dit, le cœur gros : « Tu ne peux pas continuer de taper n'importe comment. Des clients se sont plaints aux autorités. Ils disent que tu sabotes les excellents résultats du *Faire la révolution et promouvoir la production*. Ils l'ont dit là-haut, si tu continues comme ça, ils vont organiser une séance de critique spécialement pour toi, et te dénoncer ! »

Le vieux Tang était en réalité peureux comme un lièvre. Jeune, il avait pu s'enfuir. Mais l'âge avançant, ses jambes n'étaient plus aussi performantes. D'autant que le pays tout entier était aux couleurs du communisme : il n'aurait su où se réfugier. Alors il décida de se mettre avec modestie à l'école du vieux Sun, et s'agenouilla tout à coup devant lui, en disant : « Accepte-moi comme apprenti, sois un bon maître, je serai un bon élève. Sinon, traîne-moi jusqu'à l'échafaud.

Vous tous allez devoir être là au moment de ma dénonciation. »

Par la suite, le vieux Tang devint très doué pour frapper le fer-blanc. A la maison, nous avons une grande marmite pour faire cuire les *zongzi*, ces gâteaux de riz en forme de pyramide enveloppés dans une feuille de bambou. Elle est l'œuvre de l'art tardif du vieux Tang. On s'en est servi jusqu'aux années 1990 sans que le fond tombe jamais. Au moment de la fête du Dragon, lorsqu'on préparait les *zongzi*, ma mère ne manquait jamais de s'exclamer : « Et dire que ce fond, c'est le vieux Tang qui l'a réparé à l'époque ! »

La marmite est encore là, mais son bienfaiteur, le vieux Tang, est parti il y a bien longtemps déjà.

LE SALON DE COIFFURE

Ce salon de coiffure, placé au nord de la rue, était accolé au marché. Aussi, chaque jour, il y passait un monde fou. On entrait, parfois avec un bébé d'un mois dans les bras pour sa première tonte, parfois pour rien : debout derrière le coiffeur, on le regardait faire, discutant avec lui (ou son client) par intermèdes et prenant étrangement cet endroit pour une maison de thé.

Sur un poêle, de l'eau bouillante fumait tout au long de l'année. En hiver, grâce à sa chaleur et à la vapeur d'eau, il faisait particulièrement bon dans le salon. En été, il n'était plus le bienvenu et les coiffeurs le déplaçaient à l'extérieur. Mais on ne pouvait pas non plus l'éteindre car à cette époque où les chauffe-eau n'existaient pas encore, un poêle était indispensable à un salon de coiffure. Lorsque les coiffeurs n'étaient pas occupés, ils saisissaient la bouilloire fumante et la hissaient sur un escabeau. Puis ils versaient prudemment l'eau bouillante dans un réservoir en terre, de leur propre fabrication, et ouvraient le robinet : on pouvait alors faire un shampooing. Il était impossible de régler la température de l'eau. On s'en remettait entièrement à l'expérience du coiffeur. Si un beau jour l'eau s'avérait un peu trop chaude ou trop froide, personne ne s'en plaignait jamais.

Une jeune fille fut d'aventure affectée au salon. Le visage rond et les cheveux courts, elle était l'unique coiffeuse du salon. Tout le monde avait du mal à s'y faire, notamment les clients réguliers. D'habitude, une fois installés dans un grand fauteuil pivotant, ils se détendaient et racontaient tout et n'importe quoi. Maintenant qu'à côté se tenait une jeune fille, ils n'osaient plus sortir leurs grossièretés habituelles. Ils devinrent extrêmement sérieux, ce qui perturbait les autres coiffeurs. La venue de ces vieux clients rendait leur métier, particulièrement inintéressant, plus agréable : on riait beaucoup et le temps passait plus vite. Avec l'arrivée de cette jeune fille, tout le monde se mit à faire attention à son vocabulaire, si bien que le salon devint beaucoup plus calme ; le son aigu du vrombissement de la tondeuse et du frottement du rasoir sur la toile épaisse vous crispait à présent les oreilles.

La jeune coiffeuse n'était pas non plus à son aise. Revêtue d'une veste traditionnelle bien blanche, les mains posées sur un fauteuil pivotant, elle suggérait qu'on s'avance vers elle, mais personne n'approchait. Les hommes s'entêtaient : « Elle, faire une coupe ? Si elle te rate, tu te retrouves avec une lunette de chiottes sur le crâne et les moqueries de tout le monde ! » Les femmes venaient pour une coupe et un brushing avec appréhension. Bien que femmes elles aussi, elles méprisaient cette jeune coiffeuse et ne lui faisaient pas confiance. Elles préféraient s'en remettre au vieux Wang ou au vieux Li, et lorsqu'ils étaient occupés, elles disaient que ce n'était pas grave et qu'elles allaient attendre sur le côté.

Heureusement, la coiffeuse qui comprenait la situation ne se froissait pas de ce mauvais accueil. Comme les adultes ne voulaient pas qu'elle les coiffe, elle se mit à attirer vers elle les enfants, quasiment de force. Elle leur serrait une serviette blanche autour du cou et leur disait lorsqu'ils lui demandaient vers où regarder : « Regarde le miroir, ne bouge pas la tête, un peu plus bas. » La tondeuse se mettait à vrombir énergiquement, en un clin d'œil une auréole de cheveux était par terre. Si l'enfant avait voulu s'enfuir, il était déjà trop tard.

Toute chose a son exception, et le grand frère de Xiao Tang fut l'exception de notre rue. Il entra un jour dans le salon de coiffure et s'assit avec détermination dans le fauteuil devant la jeune coiffeuse. Tout le monde vit qu'il rougissait. Montrant son crâne du doigt, il dit : « Mes cheveux ont poussé, coupez-les-moi. » La coiffeuse, qui n'était sans doute pas préparée à une telle situation, fut décontenancée un instant. « Je le fais ? » dit-elle en lorgnant vers ses collègues. Ceux-ci lui adressèrent en retour un regard évasif, sans la moindre expression sur le visage, qui voulait dire : « Sois courageuse et coupe-lui les cheveux, tu verras bien ce que ça donnera. C'est toi qu'il a choisie, ça ne nous concerne pas. »

Si le grand frère de Xiao Tang était venu au salon, c'était dans un tout autre dessein, tout le monde s'en aperçut par la suite. On dit que sous son air simplet et discret ce jeune gaillard était, en fait, fin comme un vieux renard. Les autres garçons cherchaient à gagner le cœur d'une fille au prix d'efforts inouïs, alors que lui s'était causé moins de soucis : en s'asseyant une première fois, puis quelques fois encore dans le salon de coiffure, il s'était mis dans la poche la jeune coiffeuse.

Cette jeune fille se nommait Chen. Plus tard, elle devint en effet la belle-sœur de Xiao Tang. Par bonheur, le jeune couple eut une vie conjugale heureuse, ni lui ni elle ne semblaient s'en plaindre. Si cela avait été le cas, nous nous serions demandé si cette petite Chen était une fille comme il faut, au final.

LA BOUCHERIE

A l'époque, la boucherie était comme une passerelle tangible vers le bonheur, tout au moins aux yeux des enfants à l'appétit féroce mais aux poches vides. Si, le matin, leur mère partait à la boucherie, panier au bras, alors leur repas de midi ou du soir serait un franc bonheur, un bonheur qui se déploierait au cœur de leur assiette et diffuserait le rare parfum d'un ragoût. Dans notre rue, le fils de Wang Wuliu écrivit en classe une phrase étonnante avec le mot *bonheur* : « Le bonheur, c'est un ragoût de porc. » Résultat, le petit garçon se fit tirer par l'oreille jusqu'à la sortie de l'école par son professeur de chinois, qui lui dit : « Rentre donc chez toi en manger, du ragoût ! » Le fils de Wang Wuliu était comme son père, une tête sans cervelle. Il continua de pester à cause de cette histoire de viande, fracassa son sac contre le mur dans un sens puis dans un autre, et hurla en direction de la silhouette courroucée du professeur : « On ne mange jamais de ragoût de porc chez nous ! J'en ai mangé une fois, au Nouvel An, et depuis, jamais plus ! »

Pourtant, on trouvait de la viande de porc dans le commerce. Pour peu qu'on soit un mardi, un jeudi ou un samedi, qu'on ait la volonté d'aller faire la queue devant la boucherie aux aurores et qu'enfin on ait des relations cordiales avec quelques-uns des employés de la boutique, alors on pouvait acheter une demi-livre de viande de porc bien fraîche : tendrons, cuissots, morceaux entre-lardés ou encore foie, poumons, intestins, du moment qu'on ne dépassait pas une demi-livre, on pouvait choisir tout ce qu'on voulait.

Alors pourquoi dans notre rue, certains qui ne se rendaient à la boucherie que vers les sept heures, une fois que le soleil était déjà bien haut dans le ciel, rentraient-ils quand même chez eux avec de la viande toute fraîche à la main ? Et pourquoi cela ne tombait-il pas qu'au moment des festivités du Nouvel An ? On en voyait qui rapportaient une tête de porc, enveloppée dans du papier journal, quand bon leur semblait. Ils allaient la préparer en sauce ou en salaison. Les oreilles du porc étaient bien larges et bien grasses ; en tranches, elles auraient rempli une grande bassine. Sans presque rien dépenser, ils s'avalaient en une fois ce que les autres mettaient un an à se payer.

Le temps est maintenant venu de parler de la femme au visage carré qui travaillait à la boucherie. Bien qu'elle ne fût quotidiennement en contact qu'avec la viande de porc, les couteaux et les hachettes, c'était pourtant une femme dont le pouvoir égalait l'habileté. Dans notre langage actuel, une véritable « star ». Son statut dans notre rue et la manière dont elle se faisait poursuivre et agripper par les gens auraient fait pâlir de jalousie une ministre de la capitale. Au travail, elle n'échangeait aucun mot avec des personnes familières, laissant ses yeux s'en charger : « Ce n'est pas le moment de chercher à copiner davantage. De toute façon, je vais vous la faire, cette petite faveur. » Sa hachette avait aussi des yeux, et si on gardait ses distances, elle ne vous lésait pas. Par contre, comme le voulait le règlement du magasin, on faisait attention à bien équilibrer la quantité de viande maigre et de gras. On vous disait : « Voilà cent cinquante grammes » et on ne vous rendait pas un yuan de monnaie en plus. A l'inverse, ceux qui depuis des années entretenaient avec la femme au visage carré de bons rapports de voisinage ou une relation de services réciproques, ces gens-là allaient souvent à la boucherie, et ils étaient maîtres d'un secret à vous faire bondir. Qui peut savoir combien ils avaient grappillé auprès de la bouchère ! La peau de leur visage avait une apparence plus rosée que celle des autres, leurs corps étaient un peu plus charnus aussi. Persuadés qu'ils se conservaient naturellement bien, ils n'imaginaient pas une seconde que leur belle santé était indissociable de leur riche alimentation quotidienne. Or cette alimentation, d'où venait-elle ? De la femme au visage carré, bien évidemment.

Plus tard, sans qu'on sache comment, cette femme fut frappée par une hépatite. Comme il s'agissait d'une maladie infectieuse, le comité révolutionnaire des sociétés d'alimentation décida qu'elle devait quitter son poste à la boucherie. Mais pour aller où ? Quand on porte un virus hépatique, on ne peut plus travailler dans l'alimentaire. Alors, on décida qu'elle irait travailler au magasin qui vendait les boulets de charbon. Tout le monde sait qu'à l'époque, les boulets de charbon s'obtenaient avec des tickets. Et les employés du magasin détenaient tout pouvoir sur ce combustible. L'ancienne bouchère fut un peu déçue mais elle se soumit à cette décision et prépara son départ pour ce nouveau travail. Voilà qu'elle allait devenir collègue avec Xiao Bing.

Hélas, les gens ne sont plus aussi loyaux qu'autrefois… Xiao Bing et notre bouchère troquaient autrefois des boulets de charbon contre de la viande. A présent que les deux femmes travaillaient ensemble et devaient veiller chacune sur une balance à bascule, elles ne pouvaient plus s'utiliser l'une l'autre. Très rapidement, leur amitié se détériora complètement pour des broutilles. Une femme, dès qu'elle se fâche, aime révéler les défauts de son adversaire. Après quelques échanges virulents, l'ancienne bouchère finit par lui balancer leurs combines du passé : « Regarde-toi maintenant avec tes airs d'employée modèle. Et pourtant, avant, quand je venais t'acheter des boulets de charbon, combien m'en donnais-tu en échange d'un ticket de vingt-cinq kilos ?… Quarante kilos ! » Xiao Bing, qui ne voulait surtout pas perdre son poste, déballa un secret encore plus surprenant : « Ah, parce que toi, tu en es un d'exemple ? Quand je te donnais un yuan pour cent cinquante grammes de viande, toi, sans compter la demi-livre de viande que tu m'offrais, tu me rendais encore deux yuans ! »

LA BOUTIQUE-MAISON DE THÉ

Une boutique-maison de thé, c'est une maison de thé. J'ignore pourquoi, par chez nous, on complique son nom alors qu'il s'agit d'un lieu public tout simple. Les pointilleux demandent : « Qu'est-ce exactement ? Une maison de thé ou une boutique de thé ? » Les scrupuleux lancent : « Quelle différence faites-vous entre les deux ? » Ou encore : « Puisque les deux appellations sont accolées, cela signifie-t-il qu'à part y boire du thé, on peut aussi en acheter ? » Alors on prend conscience que le dialecte de Wu a ses lourdeurs et ses imperfections dérangeantes. On est contraint de répondre, pour la forme : « En fait, c'est juste une maison de thé. »

Dans notre rue, la boutique-maison de thé se trouvait le long d'un pont ; elle était en bois, sur deux étages. De loin, on aurait pu la prendre pour une simple habitation. Sur la palissade, la peinture brune était écaillée depuis des années, sans qu'on y ait remédié. A l'étage, les fenêtres formaient une rangée, celles qui pouvaient être ouvertes l'étaient, les autres avaient leurs verrous rongés par la rouille. En descendant du pont, on apercevait, derrière ces fenêtres, un groupe de personnes aux vieilles têtes grisonnantes. Certaines vous tournaient le dos, d'autres étaient de profil, immobiles, comme trop paresseuses pour se tourner un peu vers vous. Appuyé sur la rambarde du pont, en regardant vers le bas, on distinguait la vapeur dégagée par le grand fourneau, les flammes à l'intérieur, et un très haut tas de paille de riz. On voyait la grand-mère de Deming devant ce fourneau, le visage buriné. Serrée dans un tablier sale, elle prenait une à une les bouilloires dont elle versait l'eau brûlante dans des thermos, à travers un entonnoir en aluminium. En été, elle s'exclamait : « Mais quelle chaleur ! »

Un endroit aussi animé ne pouvait être qu'une maison de thé. On regrettait de n'entendre que des voix basses ou aiguës de vieux messieurs à l'intérieur. Une voix de femme agacée retentissait parfois, mais c'était encore celle d'une vieille femme : la grand-mère de Deming protestait contre les clients qui ouvraient sans permission une boîte de thé et, alors qu'ils n'avaient payé que dix centimes, se préparaient une nouvelle tasse.

Si les enfants y allaient, c'est parce que quelqu'un de la maison les avait envoyés acheter de l'eau bouillie. Ils entraient dans la maison de thé, deux thermos à la main, et jetaient deux centimes dans un bol en porcelaine posé sur le fourneau. La grand-mère de Deming arrivait, ravie de remplir leurs thermos. Elle ne manquait pas de saisir l'occasion pour critiquer : « Vous n'avez pas de poêle à charbon chez vous ? Ça demande tant d'efforts que ça de faire bouillir de l'eau ? » Elle faisait la moue et, se tournant vers les quelques tables au rez-de-chaussée, ajoutait : « Ils sont travailleurs, ces petits, alors que les grands, eux… Trop paresseux pour sortir ! »

Aucun enfant de notre rue n'aimait la maison de thé. Cependant j'ai repensé à une scène d'autrefois, en hiver. J'avançais sur le chemin de l'école, la tête dans les épaules, et le vent du nord, comme un médecin fou, me poursuivait et me piquait de ses aiguilles glaciales ici et là. Au moment où je passais devant la maison de thé, le rideau de coton laissa filer une vague d'air chaud qui me donna envie de rester planté là, devant la porte. Je me mis à penser à tout autre chose et entendis le début d'une ballade accompagnée d'instruments à cordes, appelée *tanci*, que chantaient quelques amateurs, en forçant le ton de leur voix. Quelqu'un grattait un *yueqin*, qui est une guitare en forme de lune, et fredonnait la mélodie. Derrière la fenêtre en verre qui me séparait d'eux, je vis un nuage de vapeur chaude dans lequel leurs têtes apparaissaient et disparaissaient. Je me rendis compte tout à coup qu'être vieux, ce n'était pas si mal : pas besoin d'aller à l'école, pas besoin de craindre les jours de froid ; installé dans une maison de thé bien chauffée, on sirote son thé, on bavarde et on chante des ballades. Je me dis qu'ainsi on passait l'hiver dans la joie, et que si tout au long de sa vie on passait l'hiver dans ces conditions, on n'en vivrait que plus heureux.

LA PHARMACIE

La pharmacie traditionnelle était une des boutiques les plus anciennes de la rue. Tout petit, lorsqu'elle était ouverte, je voyais à l'intérieur quelques vieux messieurs derrière un comptoir imposant et sombre, d'où émergeaient leurs têtes abîmées par les vicissitudes de la vie. Ils regardaient en direction de la rue, visiblement désœuvrés. Leur inactivité était une bonne chose, car imaginez qu'ils aient été aussi occupés que les vendeurs de céréales : la santé des masses populaires aurait été sérieusement mise à mal. Sans qu'on sache pourquoi, la pharmacie fut fermée pendant de nombreuses années. On avait poussé contre la porte d'entrée les étagères en bois du magasin de légumineuses. Elles étaient encombrantes et semblaient bloquer la porte intentionnellement, à croire que le marché des remèdes traditionnels était déjà allé au bout de sa Révolution et que la population n'en avait plus besoin. Ce point de vue, absolument injuste, favorisait les intérêts des médicaments occidentaux. Un beau jour, la pharmacie rouvrit ses portes. Les patraques de notre rue se dépêchèrent de se passer la nouvelle.

Les vieux employés de l'époque n'étaient plus là, remplacés par deux jeunes filles : une, très jeune, et une autre, un peu plus âgée. Bref, elles ne ressemblaient pas à des pharmaciennes capables d'exécuter une ordonnance. Les néons nouvellement installés, sous lesquels elles se tenaient, révélaient l'ensemble de leurs traits. On voyait aussi très clairement derrière elles les numéros sur les petits tiroirs, sorte de fenestrons carrés. Y voir aussi clair n'était pas vraiment une bonne chose car, bien que l'on crût encore à la médecine traditionnelle et qu'on ait son ordonnance à la main, on n'avait pas forcément envie de se rendre à la pharmacie du coin. On était prudent et avisé, et on avait bien réfléchi au problème : la Révolution avait besoin de l'ardeur de ses troupes, pas de les voir se faire donner des médicaments par un pharmacien qui pouvait se tromper de tiroir en plus !

Le calme régnait dans la pharmacie. Les deux jeunes filles échangeaient tout le temps en gesticulant. Lorsqu'on entrait pour acheter du mercurochrome ou des baies de goji et qu'on les regardait plus attentivement, on se rendait compte que l'une d'entre elles était muette !

La jeune fille muette prenait son travail beaucoup plus à cœur que sa collègue, c'était évident. Du matin au soir, elle se tenait bien droite derrière le comptoir, à guetter les passants avec ce regard brillant propre aux personnes comme elle. Ses yeux semblaient dire : « Venez, venez avec votre ordonnance ! Laissez-moi vous servir ! » Mais il est difficile de tordre le cou aux préjugés, et les rares personnes qui se rendaient à la pharmacie pour des petits bobos tendaient leur ordonnance à celle qui pouvait parler.

Toute chose a son exception, et la chance finit toujours par vous sourire, la jeune fille muette en était convaincue ; elle passait son temps debout dans la boutique vide, sans éprouver le moindre ressentiment. Cet été-là, la grande sœur de Luo Ping fit, plusieurs jours durant, les cent pas à l'entrée de la pharmacie, épiant ce qui se passait à l'intérieur. La jeune fille muette lui adressa plusieurs fois un signe chaleureux de la main. La sœur de Luo Ping finit par avancer en se tortillant. Une fois entrée, elle choisit, comme tout le monde, de s'adresser à la jeune Ma : « Vous vendez de la solution couleur sable ? » Ma secoua la tête : « De quoi me parlez-vous ? Ici, nous n'avons que deux solutions de couleur : une violette, la teinture de gentiane, et une rouge, le mercurochrome. » La jeune fille muette, froidement laissée de côté, lisait sur les lèvres de la cliente et adressa quelques signes à sa collègue : elle savait où se trouvait la solution couleur sable. Non contente de le savoir, elle fonça en chercher une bouteille et la posa sur le comptoir. La cliente prit la bouteille et dit à Ma : « Je digère mal, le médecin m'a dit d'en prendre trois bouteilles. » Comme elle venait de repérer où elles se trouvaient, la jeune Ma alla aisément en chercher deux autres. Logiquement, les deux employées auraient dû se réjouir de vendre d'un coup trois bouteilles de solution médicinale. Il leur arrivait tellement rarement de servir le peuple ! Pourtant, la jeune fille muette se mit tout à coup à pousser des borborygmes et alla même jusqu'à s'emparer des deux bouteilles, qu'elle serra contre sa poitrine. Les deux autres filles étaient stupéfaites. La cliente, impatiente, lui adressa un regard hargneux et chercha à l'attraper, malgré le comptoir qui les séparait. La jeune fille muette, particulièrement vive, saisit soudain un stylo et écrivit sur un papier, qu'elle roula et enfonça dans la main de la cliente, le mot *mort*. Puis elle fit un bond de côté.

Ce mot, la cliente ne le montra pas à Ma. Il devint ainsi un secret. Plus tard, étrangement, elle et la jeune pharmacienne muette devinrent amies. Cet été-là, dans notre rue, on apprit que la grande sœur de Luo Ping était tombée enceinte sans être mariée. Une autre nouvelle parvint de l'hôpital au sujet de la solution couleur sable, une terrible nouvelle. Plusieurs jeunes filles, croyant au remède de bonne femme, en avaient pris en grande quantité pour avorter, et y avaient laissé la vie.

La jeune fille muette connaissait tout de la médecine traditionnelle. Et sa collègue la jeune Ma trouvait ça tout naturel, car elle savait qu'elle était la petite-fille de Liang Wenru, le propriétaire de cette vieille pharmacie. Elle lui dit pourtant : « Mais, la solution sable, c'est un médicament occidental. Comment le connaissais-tu ? » La jeune fille muette se mura tout à coup dans le silence. Puis, tout en pleurant, elle dit à sa collègue en langue des signes : « Ma maman est morte en prenant trois de ces bouteilles : sa vie avait été tellement pénible, elle ne voulait plus vivre. »

UN HOMME SILENCIEUX

De très nombreuses années en arrière, alors que nous nous étions retrouvés entre copains, j'entendis une jeune fille dire à propos d'un ami avare en paroles : « Lui sait le silence. » Une étincelle brilla dans ses yeux lorsqu'elle prononça cette phrase. Dans son regard, on voyait aisément combien la jeune fille admirait le silence et louait ses mérites. Pour un jeune garçon, le message était on ne peut plus clair ! Les hommes sont toujours particulièrement attentifs aux réflexions du sexe opposé car elles leur servent à ajuster leur propre comportement. Je ne fis pas exception : moi qui m'étais toujours trouvé taciturne, à partir de ce jour-là, je ne fus quasiment plus jamais complexé par ma nature. Plus tard, au fil de ma vie, me laissant librement porter par elle, je ne parlais pas, ou peu, chaque fois que cela était possible. Aidé par mon silence, j'observais les autres et découvrais beaucoup de bavards, à l'éloquence confuse et à l'enthousiasme excessif. Incapables de laisser leur langue au repos, ils déversent sur vous des flots de paroles. J'ai puisé mon bonheur dans ces observations : heureusement pour moi, je suis un homme silencieux. Me taire, ne pas parler à tort et à travers ; parler peu et éviter de dire une sottise : voilà ce que je préfère.

« Trop parler nuit. » Cette vieille maxime chinoise a profondément marqué mon enfance. Il y a très longtemps, alors que je n'étais encore qu'un écolier, j'aperçus un instituteur sur le terrain de jeux qui piétinait férocement un ballon. J'adorais ce ballon, alors je me mis à crier comme une vieille femme : « Espèce de malade, un si beau ballon, pourquoi tu le ratatines ? » L'instituteur explosa de colère, me prit par la main et me souleva littéralement jusqu'à son bureau. Tout en marchant il me dit : « Alors on se rebelle, on ose traiter un maître de malade ? » Puni, debout dans le bureau, je me répandis en regrets mais ce fut inutile. Je ne pensais pas une seconde que le maître était cinglé, mais le mot sorti de ma bouche était impossible à rattraper. Je ne pus que promettre en silence qu'à l'avenir, même si quelqu'un piétinait tous les ballons de la terre, je ne m'en mêlerais pas.

Souvent, en société, à la manière de Grandet avec les louis d'or de son coffret, j'évaluais la richesse de mon vocabulaire et imposais à tous la dure loi de mon silence. En réalité, rares sont ceux pour qui le silence a du charme. Et celui qui s'y adonne est considéré par la plupart des gens comme quelqu'un d'impoli ou d'ennuyeux. Si un silencieux rend visite à un ami qui en est un aussi, alors on se croirait dans une scène tirée tout droit d'un film muet des années 1930. Pour parler franchement, il arrive souvent qu'à la maison, en compagnie d'un ami au tempérament similaire au mien, nous jouions ce genre de film. Lorsque mon invité se retire, sans que nous nous soyons passé le mot, une expression de délivrance glisse simultanément sur nos visages. Convaincus tous deux d'avoir perdu notre après-midi ou notre soirée ensemble.

Mais le temps et la vie changent les hommes, j'en ai moi-même fait l'expérience ces dernières années, sans le vouloir vraiment. Ces changements ont dû intervenir quand ma vie de famille a débuté, ou sous l'influence d'amis à la langue bien pendue. En tout cas, me voilà à présent devenu un bavard. Et je le suis car cela s'impose : ma femme a besoin de parler avec moi d'un tas de choses à propos de notre ménage, de ce qui se passe en Chine ou d'autres sujets plus ou moins futiles. Ma fille, elle, a besoin que je lui raconte des histoires, souvent loufoques, que j'invente de toutes pièces, et dans la rue, il faut que je lui explique le sens des publicités et des enseignes au-dessus des magasins. Quelques amis volubiles et intarissables tiennent absolument à me faire participer à la conversation. Il m'est impossible de jouer au sourd : n'ouvrir la bouche que pour sourire bêtement, dans mon coin, ou ne faire qu'acquiescer de la tête ne leur suffit pas, et on attend que je donne mon opinion. Peu à peu, j'ai fait de cette obligation une habitude, et quelle que soit la personne avec qui je discute, je m'efforce toujours d'en dire plus qu'elle. Bizarrement, cette logorrhée m'apporte une forme de joie, inattendue, que je n'avais jamais rencontrée par le passé. C'est une sensation de joie un peu confuse, qui jaillit comme l'eau d'un robinet qu'on ouvre ; elle est précieuse et miraculeuse. A trop parler, il arrive qu'on se ridiculise. Un ami bavard demanda un jour à quelqu'un : « C'est quel jour demain ? » L'autre répondit : « Le jour du Seigneur. » L'ami en question demanda à nouveau : « C'est quel jour de la semaine, le jour du Seigneur ? » Pendant un instant, tout le monde resta interdit. Cette histoire est véridique, et sans savoir pourquoi, cet ami reste très attendrissant à mes yeux. Quand on en rajoute à ce point, les mots finissent par amuser tout le monde, autant celui qui s'exprime que ceux qui l'écoutent. Même le plus silencieux de tous, pris par cette gaieté ambiante, laisse échapper un rire discret.

Dans une certaine mesure, savoir parler c'est savoir vivre. Je me souviens qu'il y a quelques années, un ami venu de loin me rendit visite. Je discutais avec lui, en proie à une drôle de nervosité. Au moment de partir, il me dit : « Tu as un sacré talent d'orateur. » D'abord surpris, j'en fus ensuite ravi. Cette joie était exactement celle de l'oisillon qui vient d'apprendre à voler. Pas de doute, un oiseau se doit de voler, et un homme normalement constitué, de parler. C'est la vie.

Vivre, c'est parler, bien sûr, mais pas seulement : il faut aussi savoir se taire. Parfois j'éprouve des regrets quand je repense à mon enfance et à mon adolescence trop silencieuses. Je réfléchis à la cause du mutisme de tous ces gens. A mon avis, ils restent muets soit parce qu'ils refusent de communiquer, soit parce qu'ils s'expriment maladroitement, soit parce qu'ils ne savent pas aligner quatre mots. Ils abordent la vie murés dans leur silence, mais ce silence n'est qu'un verrou, qu'une clé, un beau jour, fera sauter. C'est aussi ça, la vie.

Imprimé à Barcelone par

CPI
BLACK PRINT

Dépôt légal : juin 2015